U0634373

# 非遗视角下民族传统体育文化保护与传承研究

周姝熠 著

延边大学出版社

**图书在版编目（CIP）数据**

非遗视角下民族传统体育文化保护与传承研究 / 周
姝熠著. -- 延吉：延边大学出版社，2020.12
  ISBN 978-7-230-00509-8

  Ⅰ. ①非… Ⅱ. ①周… Ⅲ. ①民族形式体育－体育文
化－研究－中国 Ⅳ. ①G852.9

  中国版本图书馆 CIP 数据核字(2020)第 249960 号

**非遗视角下民族传统体育文化保护与传承研究**

--------------------------------------------------------------

著　　者：周姝熠
责任编辑：秦立忠
封面设计：延大兴业
出版发行：延边大学出版社
社　　址：吉林省延吉市公园路 977 号　　　邮　　编：133002
网　　址：http://www.ydcbs.com　　　E-mail：ydcbs@ydcbs.com
电　　话：0433-2732435　　　　　　传　　真：0433-2732434
制　　作：山东延大兴业文化传媒有限责任公司
印　　刷：延边延大兴业数码印务有限责任公司
开　　本：787×1092　1/16
印　　张：11.25
字　　数：190 千字
版　　次：2022 年 3 月　第 1 版
印　　次：2022 年 3 月　第 1 次印刷
书　　号：ISBN 978-7-230-00509-8

--------------------------------------------------------------

定价：60.00 元

# 作者简介

　　周姝熠，女，汉族，广东珠海人，硕士研究生，讲师，研究方向为体育社会学、体育传播学、体育产业管理。

# 前 言

非物质文化遗产是世界历史发展的见证，是一种珍贵的物质形式，在漫漫历史长河中历经风霜与磨砺，最终以某种形态流传至今，为人类的生活增添一抹靓丽的色彩。开展非物质文化遗产保护工作是世界人民的共同要求，对于世界文明发展起着巨大的推动作用。

当今社会发展十分迅速，人民的生活方式发生了明显的变化，生活节奏也明显加快，在当今快节奏的生活状态下，人民对于安定悠闲的生活方式愈发向往，而民族传统体育则提供了人们所需的休闲方式，所以非遗视角下加强对传统民族体育的研究，具有重要的历史意义。

中华民族传统体育是中国传统文化的重要组成部分，面对如此优秀的文化遗产，我们更应当对其进行保护并传承。尤其是在当前非遗保护视角下，加强对我国民族传统体育的传承和保护工作是我们的一项重要使命。为此，本书剖了析民族传统体育理论、民族传统体育的文化与传承、非物质文化遗产保护与民族传统体育文化传承、民族传统体育非物质文化遗产保护理论和保护传承对策、民族传统体育非物质文化遗产传承创新案例，旨在使我国民族传统体育获得人民群众的关注。

本书的撰写，借鉴了前人和当代学者的研究成果，在此对他们表示诚挚的谢意。由于时间仓促，笔者水平有限，不妥之处在所难免，敬请专家、读者指正。

# 目　录

# 第一章 民族传统体育理论

## 第一节 民族传统体育的概念

随着民族文化的发展，体育也经历了形成、传播、融合等文化发展过程，部分体育项目始终为个别民族所实践，部分体育项目则扩散传播到更多的民族。某些体育的文化形式在其形成、发展过程中被赋予了文化内涵。例如，中国许多民族有自己独特的武术，但其文化形态各有千秋；中国许多民族有自己的射箭运动，其活动方式以及寄寓其中的文化思想各不相同。有些民族传统体育项目由于受特殊的地理环境、生产方式、民族习惯的限制，只能被本民族所实践和接受。当然也有一些体育运动是经过人为改造之后才传播到其他民族的。总之，作为一种具有独特的发生、发展机制的文化类型，民族传统体育与在全世界范围内普遍流行的世界体育存在着极大的差异，具有古朴、自然、轻松、和谐以及生活气息浓厚、娱乐色彩浓郁等特点，是当今体育不可缺少的重要组成部分。

"民族传统体育"不仅仅指少数民族传统体育。我国政府把各个少数民族称作"民族"，其根据是斯大林的定义和民族产生的历史阶段的观点。从逻辑上讲，一个国度里的各个族群是生活在同一个社会性大环境中的，他们之间不应该有社会形态方面的根本性的隔阂和断裂，否则他们之间也就没有联系，没有需要共同面对的问题了。我们既然把汉族定义为一个"民族"，也就不得不把同时居住在中国境内的其他族群也定义为"民族"。然而，可能是因为我国汉族人口众多，地域性和民族色彩不明显，所以"民族"往往用来称呼少数民族，正如我们使用的"民族学院""民族政策""民族称呼"

等中的"民族"一样，主要是指汉族以外的少数民族群体，"民族传统体育"常常泛指少数民族传统体育。但从理论上讲，"民族传统体育"是应该包括汉族体育的。这里所介绍的主要是少数民族的传统体育。

# 第二节　民族传统体育的起源与发展

## 一、民族传统体育的起源

民族传统体育是伴随着人类社会的发展而萌生的。在人类社会发展的最初阶段即原始社会，由于生产力水平较低，人类不得不利用自己的身体活动能力获取食物。在狩猎、采集野果的过程中，产生了走、跑、跳、投、攀登、爬、越等人类最基本的体育活动技能；在劳动之余，或是为了抒发心中的情绪，或是为了模仿人与野兽、人与人之间的嬉戏、搏斗场面，人类发明了游戏……但是客观地分析，原始社会人类的这些活动不具有现代体育的目的，只是人类为了维持生存、调节心理的一些生产劳动活动和娱乐活动。

### （一）生产劳动和生活节律的需要

在原始生产方式下，强健的体魄往往是一个人生产甚至是生存所必须具备的基本条件。这种现实的需要使人们意识到体能和技能锻炼的重要性。生活在山林和草原的部落族群在狩猎和牧业生产中离不开奔跑追逐、投掷射击，甚至还要与野兽搏斗、与牲畜角力，因此产生了赛跑、射箭、射弩、赛马、摔跤、投掷等体育活动。例如，赫哲族"叉草球"的体育游戏，是河里叉鱼的陆上训练；鄂伦春族的滑雪与在林海雪原游猎有关；壮族的打扁担、苗族的打泥脚、打草球，侗族的打手毽、踩石轮、骑木马，瑶族的打箕圈、催工舞等，都与生产活动有密切联系。大自然的一切都是有节律的，人类的生产生活同样也需要有张有弛。许多少数民族传统体育就是人们在劳动间隙因地制宜创造出来的，如劳作之余，用黄泥团互相击打对方腿脚并利用跳跃逃避对方打来的泥团，以求一时的放松，由此形成"打泥脚"的体育活动。少数民族所处的地理环境和自给自足的自然经济使他们与外界往来较少，生活枯燥单调，许多体育活动是他们娱乐充实自己的主要方式。例如，壮族的打陀螺、芭芒燕、打铜钱、倒立竞走、跳桌、跳橡皮筋、咬水桶，瑶族的掷石头、跳铜铃、打猴鼓，侗族的弹毽、蛇舞，苗族的鸡毛球、跳脚会，等等，都是为此创造的。

## （二）军事训练的需要

少数民族在早期发展中，为了生存和民族利益与异族时有争端发生，产生于劳动中的体育技能往往也能用于战斗。作为一种直接动力，军事战斗的需要进一步促进了赛马、射箭、射弩等具有军事功能的少数民族传统体育的发展，并产生了一些趣味性较强且有效的训练方法。例如，壮族传统体育活动中妙趣横生的"板鞋竞速"，原是壮族女总兵瓦氏夫人训练士兵的方法。

最早的弓箭无疑是狩猎的工具，也是作战的武器。在距今约两万八千多年前的山西峙峪人遗址中，发现了石矢，表明当时已经在使用弓箭了。而到了氏族公社瓦解时期，出现了铜镞。出土文物中，多有石镞、骨镞，这些用于猎杀动物的器具后来逐渐应用于射箭、弓弩之中。古籍中还记载了不少关于发明弓箭的传说，如谯周《古史考》记载："木名柘树，枝长而乌集，将飞，枝弹乌，乌乃号飞，后故以柘树为弓，名曰乌号。"应邵《风俗通义·封泰山禅梁父》亦谓："柘桑之林，枝条畅茂，乌登其上，下垂着地，乌适飞去，后从拨杀，取以为弓，因名乌号耳。"可以看出，原始人类是从自然现象中发现了柘树枝条具有弹力，因而发明了弓。作为一种远程射击武器，射箭、射弩已经比弹弓进步了很多。射杀技能的迅速发展，逐渐形成了礼射、射柳、射草狗、射鬼箭、骑射等不同形式的射箭方法，而这些运动又逐渐被赋予了民族自身的价值取向、审美情趣等，从而成为一项民族色彩浓郁的体育活动。

## （三）种族繁衍的需要

中国有句俗语："食、色，性也。"食物和性是人的基本需求。在生产力极为低下的社会，性爱和觅食都是生活之大事。觅食是物质资料的生产，解决人们衣食住行等物质需求；性爱是人自身的生产，即种族的繁衍，使得人类得以延续。进化论创始人达尔文在其《人类的由来及性选择》一书中阐述了性选择斗争对人类进化的意义。我国许多少数民族传统体育就与青年男女的婚恋有关，如哈萨克族的"姑娘追"和柯尔克孜族的"追姑娘"活动最初都源于此需要，即未婚青年男女骑着骏马三五成群，在体育游戏中寻找心仪的意中人。壮族的抛绣球则是由壮族青年男女在歌圩上挑选意中人的活动演变而来的。这种体育活动中的婚恋习俗的缘起，主要有两方面的原因：一方面，我国少数民族大多居住在环境恶劣的地区，资源匮乏与生存需要之间的矛盾导致他们居住分散，在居住分散而又相对闭塞的环境中，体育活动为青年男女聚集交流提供了平台。另一方面，分布在恶劣自然环境中的少数民族的择偶观念便是注重男子强壮的身体和劳动能力，体育活动无疑为男子汉们展示"肌肉"提供了机会。

### （四）经济活动的需要

在自然经济时代，散居在山区各村寨的西南少数民族人民，由于农事繁忙和交通不便，一般只在节日里相聚。许多传统的节庆集信仰、经济、社交、娱乐等多种功能于一身，也是商人们难得的交易时机。有些体育活动和节庆本身就是出于商业活动的需要而产生的。例如，号称"东方橄榄球"的抢花炮，是流行于湘、黔、桂地区的独具特色的侗族传统体育活动，在节庆期间，村民卖掉自己的土特产，同时买回所需的日用品，因此花炮节也是一个民间贸易的盛会。

## 二、民族传统体育的发展历程

古代中国与古印度、古巴比伦、古埃及、古希腊、古罗马等并称"世界文明古国"，但是中华民族传统文化与其他文化相比，显示了其强大的生命力。其他文明要么消失，要么衰亡，只有中华民族传统文化在中国、亚洲乃至世界都发挥着重要的影响。中国传统体育作为中华民族传统文化的组成部分，同样历史悠久、源远流长，至今仍然保持着一定的生命力。

中国传统体育萌芽于原始氏族社会，形成于奴隶社会，发展于封建社会。原始氏族社会虽然还没有真正的体育，但是在生产劳动、军事活动、教育活动、娱乐活动及原始医疗活动中都出现了体育的萌芽。

### （一）先秦时期的民族传统体育

夏朝建立，不仅标志着我国中原地区从部落状态发展为国家状态，也标志着人类共同体从氏族部落发展为民族。经过夏、商、西周、春秋战国两千多年的统治，氏族部落内部和地区的差别日益减小，凝聚核心——汉族最终得以确立，并成为我国当时居住区域最广、人数最多的民族。而此时，我国少数民族大多还未进入阶级社会，处于部落联盟的氏族公社阶段，生产力落后，经济不发达。社会文明的进步程度直接影响传统体育的形成与发展。因而，这一时期的汉族传统体育得到了快速发展，少数民族传统体育则处于缓慢发展阶段。

**1.军事战争推动了民族传统体育的形成**

进入阶级社会以后，汉族内部为争夺地盘、猎获物，甚至王位继承权而战事不断，汉族与周围少数民族的战争也十分频繁，当时的北方多是游牧民族，他们骑马作战，逐水草而居，他们的经济文化，相对于中原汉族差别较大，生活习惯也很不一致，加之北方民族有南移之趋势，所以矛盾就比较多，战争时常发生。到了春秋战国时期，随着阶级矛盾的日益尖锐，又爆发了奴隶起义和新兴地主阶级与奴隶主贵族的战争，以及诸侯兼并争霸。战争次数增多，战争规模扩大，作战方式演变，是整个奴隶制时期战争的主要特点。

从夏代到春秋战国，弓箭始终是战争中的主要武器。射箭是主要的军事技艺之一，传授射箭技术、进行射箭训练是一项十分重要的活动，传说夏时的后羿不但善射箭，而且善教射。西周时期，由于尚武思想和等级名分的影响，礼和射结合紧密，从而出现了射礼，并分为大射礼和小射礼两种。射箭不但是作战的必备手段，也是一种敬德尊礼性质的活动，可以进行道德方面的教育。《礼记·射义》记载有："古者天子以射选诸侯、卿、大夫、士。射者，男子之事也，因而饰之以礼乐也。故事之尽礼乐，而可数为，以立德行者，莫若射，故圣王务焉。"春秋战国时代，为了适应战争的需要，还发明了射程远、杀伤力强的弩射，《战国策·韩策一》说韩国的强弓劲弩，皆射六百步之外，"韩卒超足百射，百发不暇止，远者达胸，近者掩心"。由此可见，弩射是战争中有力的远程武器。

我国北方以狩猎为主的少数民族，射箭是猎取食物、防御野兽侵害的工具，也是运用于战场的军事武器，因而他们的射箭技术精湛，不逊色于汉族，弓箭制造也十分精良，早在二三千年前就能造出工艺精细的弓箭。据记载，公元前十一世纪的西周初年，满族人就曾向周王进献过"矢石弩"。这些具有先进造箭本领的少数民族，当时过着无城郭、耕地和不知礼仪、迁徙不定的游牧生活，当牧区水草丰茂的时候，他们满足于自己的草原生活，但是当草枯水乏之际，饥饿使游牧人躁动起来，他们竞相南下，善骑战使他们来如飙风，去若闪电。以笨重的车战为主的中原农耕民族遭受了无数次的重创，发展骑兵已是势在必行。赵武灵王在总结历史经验和吸取胡人长处的基础上，建立了一支强大的骑兵部队，提倡"胡服骑射"，习练骑射蔚然成风。从此，骑马和射箭这两项古代的军事技能在汉族地区广泛开展起来。

**2.文化的进步促进了民族传统体育的形成**

夏、商、西周是中国古代文化的初步发展时期，开始出现了文字。夏以前只是文字符号，商代则有了甲骨文，西周出现了金文。文字的发明，为人们的交往提供了便利，同时也为教育的发展创造了条件。对在教育中占有重要地位的体育来说，无疑也有着促进作用。

（1）古代教育中包含的民族传统体育。人类最初的教育只是一些简单的生产技能和自卫本领的传授，到了奴隶制社会，教育的内容丰富了，出现了专门的场所和人员。据考古发现，商朝已出现了学校，当时称为庠或序，实行文武兼习的教育，但偏于武，在"习射"和"习武"中，以"习射"为主要内容。西周的学校教育比夏、商时有了较大发展，出现了以礼、乐、射、御、书、数为基本内容的"六艺"教学体系。其中有三项（射、御、乐）与体育有关。到了战乱频生的春秋战国时代，教育中更是包含了大量的体育内容，从孔子、荀子、墨子的教育思想中便可以看到这一点，孔子指出："有文事者必有武备。"教育弟子治国要"教民以战……善人教民七年，亦可以即戎矣。"而荀子在《荀子·乐论》中指出了娱乐是人们不可缺少的生活内容，主张进行肢体运动来达到娱乐身心的目的。墨子是一位注重培养弟子武艺技能与勇敢精神的教育家，在墨子的教育内容中，军事体育占有一定的地位。

（2）文武分途中的民族传统体育。在我国的奴隶制时期，武术属于贵族阶级，他们占有一定数量的土地与奴隶，主要接受"六艺"教育，这种武士教育是文武结合、以武为主的。随着社会生产力水平的不断发展，这种"复合型"人才逐渐不能满足社会对专门性人才的需要。于是，人们便根据自己的条件和专长，或偏于文，或偏于武。客观来说，"文武分途"是人类社会发展的必然结果，也是社会进步的一个重要表现，对民族传统体育的发展起到了良好的促进作用。正是那些专门从事武事活动的人，促进了武术技术的发展和提高，并出现了具有总结性的技击理论。例如，越女在与越王勾践谈论剑术时，提出了先静后动、静中求动、动静结合的道理，成为武术理论的重要组成部分。

（3）学术繁荣为民族传统体育理论奠定了基础。春秋战国时期呈现的"百家争鸣"的繁荣局面，是我国古代学术文化空前发展的黄金时期，也是我国体育思想形成的重要时期。春秋战国时代的哲学思想由重刑轻民转变成重人贵生。老子与孔子分别从不同的思想体系对这种哲学观念做了表述。《道德经》论述了丰富的朴素辩证法思想，这一哲学思想成了中国古代体育思想（如武术思想）的重要根源。古代武术理论从对武术本体的认识论到武术技击的方法论都与老子的哲学思想有着不可分割的血肉联系。孔子及先秦儒家的"仁学"思想对中国古代体育有着深远影响。在儒家有关"礼治"的文献中，对古代体育的社会效能有不少论述。荀子的"人定胜天"及"动以养生"的观念是古代体育思想中对运动作用的认识。先秦的朴素辩证法和唯物论，对中国古代文化有着极为广泛深远的影响，是中国古代体育思想的重要组成部分，也为民族传统体育理论的形成和发展奠定了基础。

**3.经济的发展为娱乐性传统体育活动创造了条件**

有一些娱乐性较强的民族传统体育活动，早在奴隶时代以前就已经出现。但随着社会的变迁，它们从最初的生产劳动、原始战争的母体中脱胎而出，演变成具有新的功能和意义的传统体育形式。譬如，龙舟竞渡在战国时期的荆楚大地被赋予了纪念屈原的意义，而在吴地则被赋予了纪念伍子胥的新内涵，成为民众津津乐道的一项传统的娱乐竞技体育活动。此外，在许多民族中广泛开展的风筝活动，最初被称为飞鸢、纸鸢，用于军事战争中刺探他国情报，随着社会的发展和人们对娱乐活动的需要，逐渐演变成为一项娱乐性的传统体育活动。战国时代民间还流行一种小球游戏"弄丸"，其玩法为抛接数个小球，这个古老的项目在今天的杂技表演中还常常看到。与此同时，某些原先流行于一隅的体育活动项目，也因战争等原因传入中原。秋千实际上就是一项起源于山戎地区的民族游戏活动，齐桓公在北伐山戎的战役中，看到这个少数民族中有人踩在用两根绳子吊在半空的板子上，晃来荡去，十分轻捷矫健，于是就把这种游戏带回了齐国，使其在汉族民众中得到发展。

总之，进入奴隶社会以后，特别是春秋战国时期，生产力提高，经济繁荣，人们的思想空前活跃，文化观念和文化需求也呈现一种多元化的格局，为娱乐性的传统体育活动在当时的流行与发展创造了条件。

### （二）秦汉魏晋时期的民族传统体育

秦汉魏晋是我国历史上继往开来的重要发展时期，从思维方式、统治思想、政治制度到民风民俗、节日节令，都为中国后来的发展打下了坚实的基础。体育作为社会文化的重要组成部分，也同样适应时代的要求，在继承先秦体育与引入外来体育的基础上有所扬弃，形成了后世体育发展的基本格局。两晋南北朝时期的体育，无论在开展的项目方面，或是在发展的规模方面，与秦汉时期相比，都显得有些逊色。但玄学的兴起、少数民族的大量内迁，却给民族传统体育的发展带来了新突破，使这一时期的传统体育极具时代特征。

#### 1.民族传统体育在民族融合中的发展

秦统一六国，以中原农耕时周秦文化为基本模式，采取向兼并地区大量移民的方式，向全国推广。汉朝继续推行统一政策，同时我国北方也建立了多民族的匈奴帝国。因此，我国多民族的统一国家最终得以确立，即北匈奴、南秦汉。在大一统的局面下，各民族的社会经济和文化迅速发展，各民族间的交往也逐渐加强。

两晋"永嘉之乱"之后，中国进入了空前广泛的民族大融合时期。原处西、北边境的匈奴、鲜卑、氐、羯、羌等民族先后进入黄河流域建立了政权，北方汉人大批南渡避乱，又引起了南方的民族变动。持续的民族交往和融合，丰富了体育活动内容，促进了部分传统体育活动在各地区的传播，使一些地方性活动项目开始在全国各地开展。譬如，目前在我国十几个民族中流行的摔跤运动，秦汉时期已经形成了 3 种不同风格的摔跤方式，当时被称为角力、角抵、争跤。1975 年湖北江陵凤凰山出土的漆绘木篦上所描绘的角力图，代表了一种风格，其特点是无固定抱法，可采用击、打、摔、拿等动作，相当于古希腊的摔跤。1955年陕西长安县客省庄出土的透雕铜饰上的角力，代表了另一种风格，角力方法有固定搂抱的要求，即一手抱腰、一手抱腿，至今维吾尔族等少数民族仍沿用这种摔跤方式。吉林集安洞沟出土的东汉时期高句丽角力图，也采取固定搂抱的方式，但与客省庄角力者的抱法不同，双手搂住对方的腰，与后世相扑的抱法完全一样。

两晋南北朝时，原本是游牧民族的匈奴、鲜卑等少数民族入主中原后，骑马射箭仍然为战争服务，是与健身结合的军事体育项目，但后来受中原文化的影响，骑马射箭常与汉族的传统节日结合在一起。三月三日是汉族的传统节日，西周时，每年三月的"上巳"日，河边就会举行仪式，目的是为人们除灾去病，这种仪式叫"祓楔"。自魏晋以后，祓楔的目的，不是专为被除不祥，而是与游春相结合，追求健康和欢乐，因而祓楔的内容不再有什么礼仪，而是临水饮宴。在民族融合过程中，三月三日也成了少数民族的节日，只是活动内容变成了骑马射箭。

**2.民族传统体育的娱乐性逐渐增强**

秦汉之前，许多传统体育活动是练兵的重要手段，或是其他活动的附庸品，功利性较强，娱乐性淡薄。秦始皇统一中国后，战乱结束，人们的文化娱乐需要较为突出，人们开始更多地关注体育的娱乐性，特别是两晋南北朝玄学的兴起，又进一步冲击了礼教、军事对传统体育的束缚，使其更多地按照体育本身具有的娱乐性、竞技性特点发展。

（1）从军队训练项目转化而来的民族传统体育。春秋以来，部分军事训练项目逐渐从军事中分化出来，朝竞技、表演方向发展。田忌赛马不以进退周旋必中规中矩的"五御"为务，而以竞赛速度为主；项庄舞剑，其借口是"军中无戏乐，请以剑舞"，杀伐决斗的技艺，被转化为娱乐助兴的表演手段；特别是百戏（角抵戏）的产生，其包含了角力、举鼎、击剑、射箭、投石等身体训练形式与军事技巧。百戏脱胎于西周的"讲武之礼"，当时的"讲武之礼"本是一种以比赛形式进行的军事训练或军队检阅，丝毫没有娱乐的意义。到了秦二世时，增加了杂技、舞蹈等内容，被纳入宫廷娱乐之中，两汉时，其内容和形式又有了很大的发展。到东汉时其已经成为一项内容庞杂的综合表演形式，以险、难、奇为特征而著称于世，表演者大多是经过严格训练的专职艺人。于是，这种"讲武之礼"便成为具有极强观赏性的娱乐活动了。带有军事色彩的围棋，在汉代班固的《围棋赋》中就有"略观围棋兮，法于用兵"的说法，可见当时仍用军事的眼光来阐述围棋的一般原则和要领。到了南北朝时，在崇尚智巧的社会风气下，围棋迎来了发展的黄金期，弈棋人员遍及社会各个阶层（包括政治家、军事家、文士名流和贵族子弟），为前代所少见；而对棋艺研究之精，对后世围棋发展影响之大，也是前代所莫及。这一时期，围棋高手辈出，且出现了评定围棋水平的"品位制"，以及专记棋艺的棋谱，并对原有棋制进行改革，确立了十九道的围棋棋盘，使围棋更加变化莫测，妙趣横生，更富于竞技性和娱乐性。

（2）来源于祭礼活动的民族传统体育。我国许多传统体育活动产生的基础原本是宗教祭礼仪式，如王充《论衡·明雩篇》记载，春秋时期鲁国有一种在暮春时举行的名为"雩祭"的求雨仪式，参加仪式的人要排成队伍，模仿龙出水的样子。春季缺雨，鲁地人模仿龙的形象舞于水中，表明自己是龙的后裔，请龙降雨滋润大地，使谷物茁壮成长。后世的舞龙灯等活动即源于此。秦汉三国以后，这些存在于祭礼活动中的传统体育，逐渐摆脱了宗教祭祀的束缚，与节令、节日结合在一起，游乐的气氛日渐浓重。据考证，纪念屈原或伍子胥的龙舟竞渡在东汉时就与"农历五月五日"的端午节结合在一起，在南北朝时更是成为全国性的节令活动。

（3）冲破礼教束缚的民族传统体育。汉代的田猎（打猎）活动基本上摆脱了"顺时讲武"的束缚，与其他娱乐活动联系在一起，发展成为一项重要的休闲娱乐活动，尽管不少儒生因"蒐狩之礼"的变质而长叹，为"违时纵欲"的田猎而苦谏，其结果依然不能使田猎回复到演礼施仪的"先王之礼"，就连热衷于"礼教"的汉成帝也经不住驰骋山野所带来的身心欢娱的诱惑，未将田猎归入讲礼之类。春秋战国时代，由于文武分途的出现，社会上出现了大量的不会舞刀弄枪的文士，但他们也有参加体育活动的需求。因而，出现了从"射礼"演变而来的投壶活动，其形式与射礼完全一致，《礼记》有《投壶》一章，专记投壶之方法、礼仪。汉魏间，投壶基本摆脱了原来那一套繁文缛节，进一步游戏化，并且花样翻新，仅从《投壶赋》的"络绎联翩，爰爰兔发，翻翻隼隼，不盈不缩，应壶顺入"中就可见当时的投壶盛况。

### 3.棋类游戏的大发展

汉武帝采纳了董仲舒的意见，"罢黜百家，独尊儒术"。并在长安设置太学，开创了政教分离的官办学校教育。汉代官方学校的教育以"经学"或"辞赋"取代了先秦时期的"六艺"，基本上删除了有关身体技能的学习内容。官方教育思想的改变，也影响了官僚成分，汉初孝惠吕后时，"公卿皆武力有功之臣"的状况，开始被"公卿、大夫、士吏斌斌多文学之士"的局面取代，开了重文士、轻武夫的先河。"重文轻武"的观念与引以为荣的士大夫地位，影响了人们对体育活动的看法，体育活动被深深地打上了"君子劳心，小人劳力"的印记。于是，社会上形成了"雅""俗"两类不同的体育活动，其中有利于陶冶情操、修身养性的棋类游戏活动得到了王孙贵族和士大夫的喜爱。魏晋玄学的兴起，又进一步促进了这些"雅"体育向娱乐性、竞技性方向发展。

汉成帝和魏文帝都是弹棋迷。三国时期在魏文帝曹丕的倡导下，朝臣名士无不争能，一时间掀起了"弹棋热"。曹丕和王粲等人还分别做过《弹棋赋》，称颂这种非常令人迷恋的游戏活动。先秦时期盛行的六博，到了汉代得到更广泛的传播，尤其在宫闱、王府和富豪之中特别盛行。汉景帝、汉宣帝、汉桓帝以及不少大臣，都是见诸记载的六博好手。汉代上流社会中还流行一种"格五"的棋类游戏，它是在六博的基础上发展起来的，取消了用骰子掷彩的方式，靠行棋的技术来战胜对手。这样便同六博这种带有一定赌博性的游戏分离，成为汉代贵族和士大夫们喜爱的一种雅戏。樗蒲大约是在西汉时期从西域传入中原地区的，到了西晋以后，这种游戏已在皇帝和达官贵人中流行开来，晋武帝、宋武帝、周文帝以及桓温、王献之、颜师伯等人都擅长樗蒲。握槊流行于北朝，本是西北少数民族的游戏，后传入汉族贵族之中。双陆则盛行于南朝，它与握槊只不过是名称不同，流传地区不同，但玩法是一样的。

## （三）隋唐时期的民族传统体育

隋唐在我国历史上是一个国力强盛、文化繁荣的时期，其文化从总体上来说呈现了一种恢宏壮阔、热烈昂扬的格调，这为隋唐民族传统体育的兴盛创造了良好的氛围。隋唐也正是依靠"稻米流脂粟米白，公私仓廪俱丰实"这样的物质基础，以及由此带来的"外户不闭"的社会环境，大力发展了形式多样的民族传统体育活动。隋唐时期民族传统体育发展的主要特点表现在以下几个方面。

### 1.武举制推动了武艺的发展

武举制是武科举的简称。所谓科举，就是设科取士，即通过考试选用官吏。唐朝武则天为选拔军事人才，于长安二年（公元702年）创立了武举制，开创了我国武举选材的先例。据《唐六典》记载，武举考试项目有："一曰长朵"，以测试射程；"二曰马射"，以考试马上射术；"三曰马枪"，以测试马上运用武器的能力；"四曰步射"；"五曰材貌"，以身高在六尺以上者为上；"六曰言语"，以有神采为上；"七曰翘关"，以测试力量。总之，武举考试的内容包括了两个方面：一是以骑射及运用武器为主的武艺，二是身材、体力、体能等身体条件和身体素质。武举制的确立和实施，对武艺的发展起着积极的促进作用，从而也改变了习武者的社会地位。

### 2.节令中丰富多彩的民族传统体育

我国的传统体育在长期的流传过程中，被古人赋予了一定的思想内容，特别是与节令有联系的传统体育内容。到了隋唐时代，这些节日、节令中的传统体育内容与形式进一步向娱乐性、游戏性和竞技性方向发展，赢得了更广泛的发展空间。唐代，拔河不仅在民间流行，而且进入了宫廷，成为一项规模宏大的娱乐活动。开展拔河活动的时间，常在正月十五，参加拔河的人数动辄上千，颇有声势。薛胜在《拔河赋》中称："皇帝大夸胡人，以八方平泰，百戏繁会。令壮士千人，分为二队，名拔河。"秋千也是一项与传统节日、节令结合在一起的民族传统体育项目，据《开元天宝遗事》记载："天宝宫中，至寒食节，竞竖秋千，令宫嫔辈戏笑，以为宴乐。帝呼为'半仙之戏。'"许多唐诗中都写到过荡秋千，如杜甫《清明二首》中有"万里秋千习俗同"。端午龙舟竞渡，是我国特有的民间体育活动，具有悠久的历史。龙舟竞渡发展到唐代有了很大的变化。首先，竞渡用船装饰华丽，船形昂首翘尾，犹如一条巨龙；其次，龙舟竞渡更具竞技性，唐代已不再把竞渡视为纪念某人某事，而是把它看作以争胜为目的的竞赛活动；最后，龙舟竞渡由民间自发组织发展到官府提倡，更具规范化。据《南唐书》记载："郡县村社竞渡。每岁端午，官给彩缎，俾两两较其迟速。胜者加之银碗，谓之打标。"唐代的龙舟竞渡规模之大、场面之热烈是前所未有的。这一天，士民百姓、州县官吏、文人学士以及深居闺阁的富家女子都涌向现场，或呐喊助威，或一饱眼福。其热闹场面在《竞渡歌》中反映为："鼓声三下红旗开，两龙跃出浮水来。棹影斡波飞万剑，鼓声劈浪鸣千雷。"它生动地描绘了龙舟竞渡时的盛况。寒食节是我国古代的传统节日，即现在的清明节，寒食节前后，除个别地区外，正是"春风不热不寒天"，人们借着节日机会，走出户外，一方面可以饱赏大好春光，另一方面可以参加有益的体育活动。"寒食蹴鞠"就是在这样的背景下应运而生的。寒食蹴鞠最早出现在南北朝时期，至唐代时十分兴盛。白居易在《洛桥寒食日作十韵》中写道"蹴球尘不起，泼火雨新晴"。

除了以上几种有代表性的节令体育外，重阳登高、元宵赏灯游戏等都是在唐代发展得较好的传统体育活动。

### 3.中外体育文化的交流与交往

中外体育文化的交往在汉朝就已开始。三国时期，中日之间互赠过兵器；从汉代到南北朝，中国的相扑传入日本；南北朝初期，朝鲜的音乐、舞蹈传入中国。到了唐代，中国成为当时世界文明的中心，周边各国经常派使者团到中国学习，当时中国的各种体育文化也纷纷被介绍到国外，这些体育文化渗透到各异域文化中，成为中国与周边各国沟通的桥梁，对增进与周边各国人民的了解与友谊起到了不可估量的作用。例如，新疆维吾尔族中的一种立于小圆毯上旋转而起的舞蹈，在唐代的出土文物上便可以看到，当时被称为胡旋舞。胡旋舞出自中亚细亚的米国、康居国、史国等国家，这些国家的居民原先居住在祁连山北的昭武城（今甘肃高台县），后迁移到中亚细亚，分为九国，同姓昭武，并与唐王朝保持着友好的往来。开元、天宝年间，米国、康居国、史国等国家曾多次向唐王朝进献胡旋女子，于是胡旋舞传入中原。此外，据唐人封演的《封氏闻见记》卷六《打毬篇》载，唐太宗李世民听说西蕃人好打马球，就专门派人去学习，不久马球就在王公贵族间流传开了，唐高宗李治也曾礼请吐蕃击球好手到长安传艺。这些都是我国各族人民体育交流的历史明证。繁荣强盛的唐王朝当时曾引起世界许多国家的关注，京城长安成为国际交往的中心城市，世界40多个国家的使臣先后到达大唐帝国，其中以日本和朝鲜与中国的交往最为密切。公元630年开始，日本多次大规模派出"遣唐使"和留学生；中国扬州高僧鉴真也应日本僧侣的邀请，克服重重困难，到达日本。双方的友好往来大大促进了两国之间的经济、文化等方面的交流。中国的投壶、蹴鞠、击鞠、围棋、步打球先后传入日本，日本射手在唐高宗年间也曾来我国表演射技。作为中国近邻的朝鲜，也曾多次遣使来我国，与唐朝建立了深厚的友谊，我国的围棋、蹴鞠等传统体育项目也正是在此时传入朝鲜，并在朝鲜扎根、发展。张乔的《送棋待诏朴球归新罗》就是一首反映中朝体育交流的诗篇。

### 4.乐舞的发展

经过南北朝各民族乐舞的融会交流，隋唐时期的乐舞有了显著的发展与提高。隋代把战乱时期失散的乐舞整理为"九部乐"，唐代组成"十部乐"，其中绝大多数是由少数民族乐舞改编而成，所以又称为"胡乐"。唐王朝还将周隋以来的旧乐舞、散于民间的俚曲俗舞、周边少数民族及外国传入的乐舞加以搜集、改编、补充，并在太常和宫廷排练、演出。龟兹乐、天竺乐、西凉乐、高昌乐等被融合于中原的"雅乐"和"古乐"之中。唐王朝大力提倡乐舞，唐初时组建的"习艺馆"后来逐渐演变成专门训练歌舞伎人的"教坊"，使我国古代乐舞进入了一个极盛时期。唐代乐舞的显著特点是能融合多民族的艺术特色，乐舞的种类繁多，如"武舞""字舞"等，其中以《秦王破阵舞》和《圣寿舞》为代表的大型团体舞蹈已类似于现代的团体操。据《旧唐书·音乐志》说，《秦王破阵舞》是唐太宗根据民间流行的《秦王破阵乐》改编而成，"太宗制《破阵舞图》：左圆右方，先偏后伍，鱼丽鹅贯，箕张翼舒，交错屈伸，首尾回互，以象战阵之形"。舞者120人，"披甲执戟"。唐太宗将自己在战斗中的亲身经历编成了这套"武舞"，里面有各种战阵变化和击刺动作，表演时"皆擂大鼓，杂以龟兹之乐，声震百里，动荡山岳"，表现了战士们在战斗中勇敢、雄壮及气吞山河的气概。而在给武后祝寿的《圣寿舞》中，参加演出的人有140人，且"舞之行列必成字"，"字舞者，以舞人亚身于地，布成字也"。舞形十六变，要摆出"圣超千古，道泰百王，皇帝万年，宝祚弥昌"十六个字。王建《宫词》记载："罗衫叶叶绣重重，金凤银鹅各一丛，每遇舞头分两向，太平万岁字当中。"这种字舞与现代团体操中的组字舞极为相似。

### 5.女子传统体育活动的兴起

两晋南北朝时期，在各民族融合的过程中，中原开始涌现出大量的少数民族，尊重女子是少数民族的社会风气，这一风气随着民族交融的过程也逐渐出现在汉族，一定程度上对汉族地区男尊女卑的陋习进行了冲击，这为女子体育的兴起与发展创造了良好的社会环境。从魏晋南北朝到隋唐时期，封建礼教对女子的束缚较为松弛，汉族女子拥有参与体育活动的权利，我国历史上少有的女子体育的繁荣景象便开始出现。隋唐时期，击鞠、蹴鞠、步打球、射箭以及舞蹈等是在女子群体中开展得较多的民族传统体育项目。在唐朝时期，女子参与的蹴鞠活动主要是活动量较小的"白打场户"，即一种在圆形场地内进行、中间拦有十字形丝围的蹴鞠玩法，分左右班对踢。在击球盛行的唐朝时期，为了满足女子参与蹴鞠活动的需求，在骑马打球的基础上，又发展了驴鞠和步打球。北京故宫博物院收藏的一面唐铜镜上，刻有四个妇女打球的图像，从这就能够看到唐代女子开展击球活动的事实。唐代女子参与体育运动的情况也能够在一些诗文和出土文物中体现出来。例如，刘禹锡《同乐天和微之深春二十首》描写女子荡秋千的情景："妆不频临镜，身轻不占车。秋千争次第，牵拽彩绳斜"。新疆阿斯塔那唐墓出土的仕女围棋绢画，证明唐代就有女子参与围棋活动的现象。

### 6.围棋娱乐活动的开展

在南北朝及以前，围棋以它的军事性、娱乐性、竞技性受到历代政治家、军事家和社会名流的喜爱，其中围棋的军事性受到许多围棋名家的重视。随着唐朝社会生活的安定，人们对围棋价值的认识开始发生了变化，从围棋著作的归类上也反映出这一变化。《隋书·经籍志》把辑录的围棋著作，全部归入子部兵书类，与《司马兵法》《孙子兵法》《吴起兵法》等著作同列一类。但是，唐朝的《旧唐书·经籍志》和《新唐书·艺文志》则把围棋著作归入子部杂艺术类。这说明围棋的存在，已不在于它的军事价值，而主要在于陶治情操、愉悦身心、增长智慧。下棋与弹琴、写诗、绘画被人们认为是风雅之事，因而社会上出现了以善弈为荣，以不善弈为耻的风气。

## （四）宋、元、明、清时期的民族传统体育

北宋时期，虽然中国南方已经统一，但北方仍由少数民族相继统治（契丹、党项、女真等），并先后建立了辽、夏、金等少数民族政权。后来的元、明、清三代中，元、清也都是少数民族政权，各民族倡导的不同体育项目，加速了少数民族传统体育的发展。

### 1.军事类民族传统体育项目的发展空前活跃

宋、元、明、清时期，是我国封建社会开始步入下坡路的时期，但由于统治阶级采取了一系列新的政策，仍保持了生产力进步、经济繁荣的良好社会环境。但安定平和的政治局面是相对而言的，大小战争仍然不断发生，对军事训练的重视，使某些与军事有关的传统体育项目愈加完善。以畜牧、狩猎为生的少数民族参与到逐鹿中原的战争后，他们强悍的民风和全民皆兵的制度，又进一步刺激了具有军事意义的传统体育活动的发展，使之出现了空前活跃的发展态势。

契丹族、女真族和蒙古族都是以畜牧狩猎为生的民族，牧放、狩猎离不开骑射，交通、作战也必须使用弓马，所以骑马、射箭是这三族人民的基本生活技能，而统治者"因弓以马之利取天下"，更促进了骑术和弓箭术的发展与提高。为了推动骑射技术的发展，辽、金、元朝都设有专门的骑射节日。辽国三月三日为射兔节，"三月三日为上巳国俗，刻木为兔，分朋走马射之"。辽国和金国还定五月五日为射柳节。而辽国的"那达慕大会"，有男子三项竞技，即射箭、骑马、摔跤比赛，获胜选手被称为勇士。

对于女真族的后裔——满族而言，骑射既是他们长期生活和生产的主要手段，又是清代宫廷中主要的军事训练活动，其政治色彩相当浓厚，骑射在宫廷中的地位和在统治者眼中的作用确如道光皇帝所说的"八旗根本，骑射为先"。自顺治皇帝定都北京之后，便经常在南苑行猎；康熙继任之后，更频繁地举行行围狩猎。公元1683年,在承德府北四百里处建立木兰围场，从此每年秋季皇帝都要率领大臣和侍卫的虎枪营到此狩猎，并要召集旧藩四十九旗喀尔喀诸部，分班从围，这既是一次军事训练和政治聚会，又不失

为一次娱乐活动。除了行围狩猎以锻炼军队的骑射本领之外，清代皇帝还经常举行专门的骑射检阅，观看射箭比赛。

蒙古族更是把角抵（摔跤）放在与骑马、射箭同等重要的位置上，元朝统治阶级大力推崇这种活动，凡是在"那达慕大会"上获得摔跤冠军的人，都能得到"国之勇士"的称号。清王室也提倡摔跤，清代的摔跤与元代摔跤相同，即现在着跤衣的民族式摔跤。在清代，除了骑射和摔跤之外，由于满族人的提倡，冰嬉得到了快速的发展。清王室是女真族的后裔，世代居住在长白山附近，狩猎和采集是主要的生产方式，他们不仅擅长骑射，而且还掌握了滑雪、滑冰等技术。清王室统治全国后，仍旧保持了以滑冰训练军队的旧俗，每年都要在太液池（北海）进行一次大规模的滑冰检阅，称之为冰嬉。乾隆皇帝在《冰嬉》诗中写的"冰嬉仍寓诘戎行"，说明了每年在太液池举行的冰嬉具有训练军队的意义。但是随着承平日久，军队例行的冰嬉检阅便成了观赏和娱乐活动，冰嬉的内容也发生了变化。当时的冰嬉活动主要有三种：第一种是竞赛快慢的速度滑冰，名曰抢。第二种是杂技滑冰，也就是现在所说的花样滑冰。现藏故宫博物院的乾隆画苑御师金昆、富隆安等合绘的《冰嬉图》，生动地表现了当时冰嬉表演的情景，图中不仅有大蝎子、金鸡独立、双飞燕等花式姿势，还有各种杂技式的动作。第三种是冰上蹴鞠，作为练武之用，完全是仿照古代蹴鞠而创造的。

### 2.市民文化的兴起促进了民族传统体育的发展

两宋在以自然经济为主的基础上，手工业和商业呈现了前所未有的发展势头。城市中，"自大街及诸坊巷，大小铺席，连门俱是，既无虚空之屋"。商品交易活跃，城市人口大大增加，促进了城市文化的兴起。于是，出现了我国民族传统体育发展的新现象，即市民体育蓬勃发展。市民体育，指的是宫廷、官僚及军队体育以外的城市中下层人民的体育活动。中国古代体育的发展，大致经历了一个从宫廷到民间、从上层社会走向下层社会的过程。中国古代开展的宫廷体育有相当优越的条件，但这种贵族体育的范围很窄。民间、村社的体育活动受强烈的季节性气候影响，一般多在农闲时开展，而且形式不多，加之经济条件的限制，也抑制了人们对体育的兴趣。而宋元时期市民体育的兴起，拓宽了民族传统体育的发展空间，特别是适合市民休闲娱乐需要的表演性与自娱性传统体育得以广泛开展和传播。

（1）观赏性传统体育项目的兴起。瓦舍，又叫瓦子、瓦市，是两宋时期城市中综合性的游乐场所。在瓦舍里表演的节目有说唱、杂剧、讲史、杂技，也有踢球、相扑、举重、使拳等观赏性的传统体育项目。《东京梦华录》《西湖老人繁胜录》都记录了诸如相扑、使棒（后来的武术）等艺人在瓦舍卖艺的情况。城市的街头广场，则是"路歧人"献技的地方。大都市之外，还有星罗棋布的小城镇，不少艺人在大城市中难以谋生，于是就到这些地方献技。以体育表演为生的大批职业艺人的出现，正是宋代观赏性传统体育兴起的标志。随着职业体育艺人的大批产生，特别是他们又相对集中地居住在某些大城市中，于是体育行会组织相继建立和发展起来，当时蹴鞠有"齐云社"（又称圆社），相扑有"角力社"（又称相扑社），射弩有"锦标社"，使拳有"弓箭社"等，这些行会组织主要负责协调体育艺人与方方面面的关系，制定职业规则和组织"社"的成员进行体育训练与交流。

（2）自娱性传统体育活动在市民中广泛开展。宋代的象棋，家喻户晓，深受市民的喜爱，在城市的商店里、小摊贩处，都可以买到棋子和棋盘。城市里还有职业的棋手——"棋工"，专以赢棋谋生。到了明清时期，象棋又发展成为闺阁女子喜爱的一项活动，杨慎在他的《升庵长短句集·棋姬》中写道："红袖乌丝罢写诗，翠蛾银烛笑谈棋。"

踢毽子是宋代市民所喜爱的一项体育活动，当时的临安城有专门制作毽子的手艺人。明代出现了有关踢毽子的民谣："杨柳儿活，抽陀螺；杨柳儿青，放空钟；杨柳儿死，踢毽子；杨柳儿发芽儿，打拔儿。"

秋千是宋代民间盛行的节令体育活动。陆游《感旧四首末章盖思有以自广》诗云："路入梁州似掌平，秋千蹴鞠趁清明。"到了明代，仍有一些地方盛行这种习俗，当时的山东就非常普及秋千活动，在小说《金瓶梅》中，有整整一回是描写荡秋千活动的，表明荡秋千是当地妇女喜爱的活动。

放风筝是宋、元、明、清时代市民体育中广泛开展的又一项自娱性体育项目。宋代放风筝的普遍性可以从临安城卖风筝的情况来推测，《武林旧事·卷六·小经纪》记载临安城制作、贩卖风筝的小手艺人，"每一事率数十人，各专籍以为衣食之地"。在《帝京岁世纪盛》还载有清明扫墓后放风筝的盛况："清明扫墓，倾城男女，纷出四郊……各携纸鸢线轴。祭扫毕，即于坟前施放较胜。"

此外，宋元以来，市民中盛行的传统体育项目还有龙舟竞渡、跳白索（跳绳）、打砖（从投壶发展而来）等。

### 3.武术的兴盛与发展

中国武术在唐代以前是和武艺混合在一起的，到了宋代，武术仍与军事武艺有着不可分解的因缘，如武术表演在北宋属于军中百戏，是由"花妆轻健军士百余"来表演的。直至明清时期，武术才出现从军事技术中分化出来的迹象，逐渐发展成为具有健身娱乐性质的运动项目，并得到快速的发展，武术技术进一步丰富，理论与方法日渐系统。其表现为：

（1）武术内容丰富。在明代，已经有了十八般兵器，即"弓、弩、枪、刀、矛、剑、盾、斧、钺、戟、鞭、锏、镐、殳、叉、钯头、锦绳、白打"，又称为武艺十八事。清代，又增加了锤、拐、钩、三节棍、狼牙棒等。明代的拳术有宋太祖三十二式长拳等二十余家拳术，到了清代已增至百种之多，如形意拳、八卦掌、查拳、花拳、六合拳等，都具有独特的风格。随着兵器、拳种的增加，各个项目的基本动作也丰富起来。以拳术为例，手法有"砍、削、磕、靠……"，步法有"拓步、碾步、冲步、撒步……"，除了手脚的招式之外，还有翻腾、跳跃、滚翻、旋转。由此而组成的套路千变万化，丰富多彩，既提高了表演性、健身性，又具有一定的实用性。

（2）武术门派的分立。武术门派的分立，大都在少林拳法名扬四方之后。据黄宗羲《王征南墓志铭》记载："少林以拳勇名天下，然主于搏人，人亦得而乘之；有所谓内家者，以静制动，犯者应手即仆，故别少林为内家。"可见当时已有"内家"与"外家"之分。两派的划分，由拳法不同引起，也与其习武的出发点有一定关系。"内家"以静制动与"外家"主搏于人的出现也标志着武术的进一步发展。所谓"外家"即指少林派，因"内家"以武当张三丰为其创始人，故亦有"少林""武当"两派之说，此外还有"峨眉"等派别。也有以拳种和风格分立，则有"八卦""形意""迷踪"以及"长拳""短打"等。

（3）武术理论的丰富。明清时期，有关武术的著作较前代丰富，在理论探讨方面也取得了显著成绩，这一时期武术著作主要有程宗猷的《耕余剩技》、戚继光的《纪效新书》、吴殳的《手臂录》、王宗岳的《太极拳经》、俞大猷的《剑经》等，从这些著作中我们可以看到当时武术理论的发展状况。首先，肯定了套路存在的必要性和重要性，批驳了有些人单纯从军事角度鄙薄套路为"虚套"的片面性。其次，在传习方法上也总结了不少行之有效的经验。如"学武先学拳"，《纪效新书·拳经》认为各种兵器的练习"莫不先由拳法活动身手，其拳也为武艺之源"；又如"练习器械，由棍法开始"。第三，在身体训练的方法和要求上也有了明确的认识，如《纪效新书·赏罚》中就有身体全面训练的具体方法和要求，包括"练心之力""练手之力"和"练足之力"等。第四，以歌诀表达技术要领，且被广泛使用，如王宗岳《太极拳经》中的太极拳凡"挪、捋、挤、按须认真，上下相随人难进"，突出了关键性的内容，易懂易记，对教学训练颇有助益。

（4）武术套路日臻完善。明清时代，无论是武术套路或是攻防格斗，都日趋完善，各种拳术、器械的具体名称均表示一种规定内容的"套路"。套路一般都有势、有法、有歌诀、有动作图和路线，如《纪效新书》中的拳法三十二势、枪法二十四势、棍法十四势等，就是这些项目所常用的招式，这些内容是构成武术套路的重要因素。招式是由一些动作构成的，据明末清初王介祺的研究，刀术有"劈、打、磕、扎……""缠、拔、擦、抽……"。黄百家在《内家拳法》中列举"练手者三十五"，即"砍、削、磕、靠"等；"练足者十八"，即"拓步、碾步、冲步、撒步、曲步、踢步"等。实际上这些都属于武术的一些基本动作。这些也反映出武术结构已相当严密，即以基本动作为"元素"，与身、手、步法相配合而组成各种各样的招式，再将若干招式间以腾挪、跳跃、滚翻等技法加以连接、编排而成为"套路"。这种套路既有技击之效，又有锻炼体质和用于表演的价值。总之，套路的日臻完善为传授和交流武术技艺创造了条件，是武术高度发展的标志之一。

## （五）近代民族传统体育的转型

民族传统体育是相对于西方体育（外来体育）而言的一个概念，是为了区分外来体育与本土体育。因此，对于民族传统体育现在和未来的研究，就应追溯到西方体育的传入开始。

1840 年以后，西方近代体育传入中国，中国的体育在形式和内容上主要由两个部分组成：一是中华民族固有的以武术为基本内容的传统体育，二是西方传入的欧美近代体育。研究中国近代传统体育，主要是研究西方近代体育传入中国后，民族传统体育在特定的历史环境中继承、演变和发展的历史。

西方近代体育传入中国之后，以武术为基本内容的传统体育在自然延续、演变的过程中，逐步退出了主导地位而流行于民间，西方近代体育在中国传播发展，并成为中国近代体育的主流。但民族传统体育并没有消失，而是在新的历史条件下继续生存和发展，并且在接受西方近代体育的基础上，进一步完善和发展自己，完成了民族传统体育在近代的转型。

## 1. 民族传统体育观念的转变

这一时期，从西方国家发展起来的许多近代体育项目开始传入中国，这无疑是对中国传统文化的一次冲击。在中华大地上土生土长的民族传统体育，在与西方体育的冲撞中，不断地重新认识、改造和发展自己。

1915 年，体育界一批有识之士，在西方体育传入我国后，对民族传统体育的发展进行检讨，认为各国的体育运动，因其风俗和习惯等不同，各有其自身的特点，未必符合我们的国情。因此，发展体育应从我国的实际出发。这种观点促进了体育界开始对传统文化进行再认识，并重新评价民族传统体育。当时不少人认为，由于受政治、经济、文化发展不平衡的限制，刚刚传入中国的西方体育，尚不能完全被我们接受，因而主张对民族传统体育进行深入研究，找出在时间上、能力上、经济上都能合算的"适宜运动"来。体育界一些人士更著文称道传统体育"较诸新法各游戏（指西方近代体育）优点良多"。上述认识和观点的出现，形成了一场关于西方近代体育与我国民族传统体育比较的大争论，把对传统体育的认识与反思推向了高潮。

## 2. 民族传统体育内容的改造

随着西方体育真正在中国传播后，原本在一个单纯的环境中发展、继承，并用来维系和满足传统中国文化理念教化下的中华民族所需的民族传统体育，开始了有史以来第一次在本土上与外来文化的碰撞、融合和对接。在对传统体育的再认识与改造中，人们不再单纯地从练兵、娱乐、礼教等意义上去认识和看待传统体育，而是认为传统体育与西方体育一样具有强身健体和教育等功能，应当受到重视。这样一来，对传统体育中的健身术和武术的研究，成为这一时期近代体育演变过程中的重要内容。

20 世纪 20 年代前后，体育界人士开始对传统体育的活动形式进行整理研究。以精武体育会、北京体育研究社等为代表的一些组织和人士，在继承传统的基础上对传统体育（主要是武术）进行了整理。他们的贡献在于用新式的体育组织取代了旧式的武馆等带有浓厚封建宗法色彩的组织形式，这种整理和改造促进了武术运动的推广与普及。以马良为代表的一些人则利用近代运动形式对传统体育活动进行了改造，如 "新武术"及褚民谊的太极操等，都采用了近代徒手操的某些形式。这种改造无论成功与否，都不失为一种有益的尝试。

另外，有不少人从民间游戏中整理出一些项目，提供给中小学作为体育教学的内容。金兆钧所著《中国游戏》、潘蜇虹的《踢毽术》和王怀琪的《正反游戏法》等，这些著述也对民间游戏的推广起到了积极的促进作用。还有空竹、跳绳、风筝等也都得到一定的整理与研究。在对传统体育活动进行整理和改造的基础上，以传统体育活动为内容的运动竞赛也逐渐增多，其中规模较大的有 1924 年长沙风筝比赛、1933 年河南第一届民俗运动会、1933 年天津踢毽子比赛等。这些比赛的规则对民族传统体育项目的普及与发展有着积极的推动作用。

**3.民间流行的传统健身活动**

这一时期，除武术迅速发展之外，还广为流传着许多与武术有关的健身活动，主要有八段锦、易筋经、五禽戏等。

八段锦起源于宋代，流传到近代发展成多种多样的形式，原本有文武之分，明清时流行文八段，近人在原八段的基础上增加了四段，取名为十二段锦。易筋经最初见于明天启四年的手抄本，但直到清道光以后，才得到较广的传播。由于古本易筋经中许多与呼吸结合的方法有不少糟粕，因而近代流行的主要是易筋经的肢体运动部分。汉末华佗所创的五禽戏是模仿虎、鹿、熊、猿、鸟五种动物的动作而编成的一套健身操，至近代，它已有多种形式，有的偏重内功，有的着重练"刚"劲，有的着重练"柔"功。以上几种与武术有关的健身形式，都在这一时期得到了较大的发展。

近代民间的传统健身活动，还有杠子、皮条、石担、石锁等形式。杠子相当于现今的"单杠"表演，皮条则与"吊环"相仿，而石担、石锁则是一种练力的形式。这些场地易找、设备简单而又易于普及的健身活动，主要流行于乡间田野，具有相当的生命力，它们与传统武术一类的健身活动，成为当时民间常见的、易于推广的主要体育形式。

中国是一个多民族的国家，由于居住地区、生产方式、风俗习惯的不同，其传统体育活动形式多样，内容丰富，各具特色。尽管西方体育的传入对民族传统体育的存在和发展有一定的影响，但各民族、各地区的民族传统体育项目仍能够在当地传播和发展。在众多的民族传统体育项目中，发展较为稳定的项目有棋类、赛马、赛跑、射箭、摔跤、滑冰等。

## （六）现代民族传统体育的完善

民族传统体育是社会文化与生活的重要组成部分，是中华民族文化的宝贵遗产。尽管在 20 世纪初中华民族传统体育面对西方近代体育的滔滔巨浪，失去了生存上的平衡，也丢掉了自己的领域，除武术等少数体育保留项目外，几乎全部让位于西方竞技体育运动，但随着中华人民共和国的成立，民族传统体育又重新焕发出活力，并在半个世纪以来得到了长足的发展。中华人民共和国成立后，党和政府提出了"积极倡导，加强领导，改革提高，稳步前进"的民族传统体育发展方针，为各民族传统体育的交流和发展创造了良好的条件，民族传统体育迎来了新的发展机遇。其发展历程大致可分为以下几个阶段：

### 1.挖掘与整理阶段

历代统治者对少数民族文化（包括民族传统体育）持弃之不顾、任其自生自灭的态度。中华人民共和国成立后，党和各级政府以"清理古代文化的发展过程，剔除其封建性糟粕，吸收其民主性精华，是发展民族新文化、提高民族自信心的必要条件"的精神，作为少数民族传统文化和少数民族传统体育发展的根本方针，通过挖掘、整理，使少数民族传统体育逐渐摆脱了地域限制，逐步由地区向全国扩展。1949 年人民政府对民族传统体育进行了大规模的整理和发掘，把具有浓厚民族色彩的少数民族传统体育发展成为对抗性较强的竞技运动。譬如，流行于各民族中的摔跤活动，经过综合和改造，发展成为具有民族特色的中国式摔跤，列为第一届少数民族传统体育运动大会的竞赛项目，并在 1953 年成立了中国摔跤协会。随后，国家体委颁布的《中华人民共和国运动竞赛制度的暂行规定》把中国式摔跤列为实施竞赛制度的 43 个运动项目之一，并规定每年举行一次单项锦标赛。1956 年在北京举行了中国式摔跤锦标赛，1957 年制定了《中国式摔跤竞赛规则》。至此，我国的传统体育项目——摔跤，完成了它的竞技性改造。1984 年有 21 个省、直辖市、自治区代表队参加了全国民族传统体育形式表演及竞赛大会，大会期间，各队表演了蒙古族摔跤、朝鲜族摔跤、维吾尔族摔跤以及国际比赛的古典式摔跤和自由式摔跤，交流了各种摔跤技术，充实了中国式摔跤技术的宝库。此外，1953 年举行的少数民族传统体育运动大会也是民族传统体育获得新生的一个标志，是我国民族传统体育运动史上的一个里程碑。首届少数民族传统体育运动大会确定了少数民族传统体育的发展方向，促进了全国各族人民的团结，为民族传统体育的研究和整理打下了基础，标志着少数民族传统体育开始步入新的历史时期。

### 2.停滞发展阶段

20 世纪 60～70 年代，中国传统体育被迫进入停滞阶段，传统体育的研究组织也大都解散，研究活动基本停止。但这一时期传统体育活动并未完全停止，如军队中仍有摔跤、格斗等训练。后来，在周恩来等领导的关怀下，在各地组织举办了多次武术表演比赛和运动会，使民间武术活动逐渐恢复。

### 3.改革发展阶段

十一届三中全会后，少数民族地区的经济有了长足的发展，传统体育项目的研究活动也随之蓬勃发展起来。

进入 20 世纪 80 年代后，国家有关部委召开了全国少数民族传统体育工作座谈会，将民族传统体育工作重新列入工作议题，各级有关部门也积极倡导挖掘、整理民族传统体育，但民族传统体育仍然呈现不容乐观的状态。以第二届少数民族传统体育运动大会为例，虽然参加人数与第一届少数民族传统体育运动大会相比有所增加，但竞赛项目只有两项，并且采用全国其他运动会的比赛规则和形式，缺乏民族特色，比赛规则、项目设置等均有待于进一步完善和规范。总之，此时的民族传统体育项目仍处于一个百废待兴的局面。

　　4.普及与提高阶段

　　到了 20 世纪 80 年代后期，民族传统体育经历了数年的发展重新崛起后，进入普及与提高阶段。其显著标志就是从 1982 年开始，我国少数民族传统体育运动大会每四年举行一次，至今已经举办了八届。由于国家的支持和各省区的共同努力，该项赛事以其民族性、广泛性和业余性为特色，成为全国较有影响的大型综合性体育运动会之一，为挖掘、整理各民族传统体育运动项目，弘扬民族传统体育文化，发展民族传统体育事业，提高各民族人民身体素质，促进各民族团结等做出了积极的贡献。

　　此外，民族传统体育的提高还体现在以下三个方面：

　　第一，对一些民族传统体育项目进行改革和综合创新。譬如，1984 年，国家体委综合蹴鞠、花毽以及现代足球、排球、羽毛球的运动特点，推出毽球项目，这是贯彻古为今用原则开发民族传统体育的成功尝试。进入 20 世纪 90 年代后，由北京民族传统体育协会根据古代人蹴鞠的方法，并结合流传于我国民间的一些球法，整理挖掘出一项新兴的民族传统体育项目——蹴球。1991 年第四届和 1995 年第五届少数民族传统体育运动大会上蹴球被列为表演项目，在表演过程中没有统一的规则，场地、器材也没有统一的要求，运动员在场上随意踢、踹。1996 年国家体委、民委将蹴鞠项目的研究和整理工作交给了北京体育大学，北京体育大学科研处组织有关专家对蹴球进行了为期三年的研究和整理，通过大量的实践和比赛，经过反复的修改，为蹴鞠项目制定了比赛规则，使之成为第六届少数民族传统体育运动大会的正式比赛项目。

　　第二，对一些民族传统体育活动中存在的陋习进行了革除，如傈僳族的东巴跳，经过提炼改革，摒弃封建文化的糟粕，弘扬健身和艺术的价值，成为一项独具特色的民族传统体育活动。流行于江浙一带的龙舟竞渡活动，具有极强的民族特色，蕴含着我国丰富的传统文化，但其中迷信成分也占有很大比重，经过改进，革除了陈俗陋习，使现代的龙舟竞渡成为深受全国各地民众喜爱的一项传统体育活动。

　　第三，独具特色的民族传统体育开始走出国门，走向世界。1990 年北京举行的第十一届亚运会上中国武术被列为正式比赛项目，并成立了国际武术联合会。1991 年在内蒙古举办了"国际那达慕大会"，向世人展现了具有草原风貌的民族传统体育文化。另外，毽球、龙舟、风筝、围棋等项目的国际性表演和竞赛日益增多，呈现前所未有的发展趋势。

### 5.未来的发展方向

随着我国社会主义现代化建设步伐的迈进和体育事业建设进程的加快，未来我国的民族传统体育的发展方向具体有以下几个方面：

（1）民族传统体育作为现代体育的补充与现代体育有机结合。随着社会的进步、文明程度的提高和全球文化的交流与融合，民族传统体育最终将与现代体育相结合，走中西结合的道路是民族传统体育发展的必然选择。

（2）全民健身计划的实施，使民族传统体育的活力进一步增强。民族传统体育在全民健身活动中将进一步普及，活力将进一步增强，传播范围将进一步扩大，成为人们休闲娱乐和人际交往的纽带与桥梁。因为民族意识和价值认同是民族传统文化形成之根本，正是具有这种价值认同，才将不同的人们聚集在一起，形成健身群体，并不断地将民族传统体育传承下去。

（3）民族传统体育技术和理论体系的科学化发展趋势。科学化和规范化是中华民族传统体育的最终发展方向。民族传统体育文化随着社会的发展，经过继承和扬弃，融入我国现代体育文化之中，是历史发展的必然趋势，同时也是历史发展的客观需要。我国的民族传统体育只有逐步实现科学化，才能冲出国门，走向世界，实现国际化。调查中我们发现，许多民族传统体育是近年来经过发掘整理后才推向公众的，如云南傣族的丢荷包，阿昌族的阿昌刀，哈尼族的打磨秋，湖南土家族的抢鸭子、摆手舞、打飞棒，苗族的苗拳、苗刀，贵州瑶族的猎棍操等。这些传统项目都亟需进一步总结和提炼，用现代科学方法加以改造，使其既符合人体生理和心理学发展规律又不失原始古朴的民族风味，并以现代体育和艺术相结合的形式推向社会，使之发展壮大和成熟，在体育产业中占有一席之地。

（4）民族传统体育进入各级各类学校，丰富和拓展了学校体育教学内容。随着人们生活的变迁，民族传统体育会逐渐融入民众的风俗习惯之中，从而形成一种集体的、模式化的，虽不见经传，不登大雅之堂，却是以传统体育的基因和文化为基础的一种体育文化。我国民族传统体育文化是历代流传的文化，诸如舞龙舞狮、踩高跷、玩旱船、射箭、爬竿、摔跤、拔河、荡秋千、赛龙舟等民族传统体育项目蕴含着中华民族的高度智慧、高超技艺和高尚品德。而要想使这一文化形式不断延续下去，就需要通过加强对民族传统体育文化的整理、研究、分析、继承，而在继承方面，最能发挥突出效果的便是学校教育。因此，为了使蕴含着我国丰富民族文化遗产和民族文化内涵的民族传统体育能够一代一代地传承下去，未来我国的民族传统体育必然会被纳入教育体系。具体而言，将民族传统体育纳入教育体系会通过以下两方面来进行：一方面，有计划地把民族传统体育项目纳入学校公共体育课的教材中，实现民族传统体育活动在学校的积极开展；另一方面，在高等体育院系特别是在民族地区的高校中推广民族传统体育课程，使之列入正式的教学计划，使学生系统学习与掌握当地主要的民族传统体育项目。通过以上两方面的措施能够帮助我国培养民族传统体育的接班人，为民族传统体育的延续补充后备力量，也可以加速民族传统体育现代化的进程。

（5）民族传统体育呈现出与世界体育文化相互融合的发展趋势。中国民族传统体育是民族文化的反映，也是世界民族文化的重要组成部分。伍绍祖说过："越是中国的东西，就越属于世界，这是个辩证法。"越是民族的东西，就越属于世界。随着全球化经济的往来和我国现代化进程的不断加快，民族传统体育因蕴含着独特的文化行为模式和价值观念，被世界上许多民族所接受，成为沟通东西方文化的桥梁。

（6）民族传统体育与旅游业结合发展。我国共有 56 个民族，各民族都有自己独特的民族地方特色，民族传统体育孕育于这样的文化氛围中，自然也会体现出本民族独特的文化特色，而这些具有鲜明文化特色的体育项目大多是旅游开发的重点，因为它们能够吸引人们的注意。因此，在旅游业快速发展的新时期，民族传统体育也成为各地区吸引游客的一个重要方式。例如，赛马、射弩、赛骆驼、秋千、跳竹竿、跳板、抛绣球、抢花炮、摔跤、高脚马、霸王鞭等不仅具有较强的观赏性和参观性，而且具有较强的娱乐性、表演性和观赏性，因而已经成为假日经济消费的一个重要内容。由此可见，在未来一段时期内，民族传统体育将成为旅游业的一个重要内容。

综上所述，中华人民共和国成立后，经过挖掘、整理、研究和提高，民族传统体育项目得到进一步丰富和完善，完成了组织建设，正确处理了继承、改造、创新与发展的关系，并通过各种形式的运动会和活动，增强了各民族之间的相互了解。几十年的事实表明，民族传统体育已成为我国各族人民体育活动中不可缺少的重要组成部分，并已逐渐成为整个人类所共有的财富。

# 第三节　民族传统体育的特点及内涵

各民族传统体育历史悠久，源远流长，各具特色，引人入胜，既有鲜明的民族特点，又具有高度的技巧和艺术性。许多民族传统体育活动已成为民族节日的重要内容，给节日增添了光彩，给群众带来了欢乐，被看作民族兴旺、幸福和吉祥的象征。因此，民族传统体育活动是各民族长期历史发展的产物，是各民族政治、经济、文化生活的一种特殊反映，具有典型的民族特色。它可以从一个侧面来展现民族的日常生活和心理状态，鲜明生动地反映民族的社会和历史面貌。

## 一、民族传统体育的特点

民族传统体育是一定自然条件和社会文化的结晶，它以宜人身心的种种运动形式凝聚了人们的智慧和文明财富，以其深邃的内涵启示和激发人们不断探索它的规律与真谛。民族传统体育既有体育的一般性特征，又有其本身的特点，主要表现为以下几点：

### （一）民族性

民族性为某一民族或某一些民族所有，而非各民族所共有，这是某一体育项目必定要经历的过程，如从美国走向世界的篮球、排球等，自它们成为全世界都流行的体育项目以后，就不能称其为美国的民族传统体育项目了。中国的某些民族传统体育项目，如藏族的赛牦牛、纳西族的东巴跳、彝族的跳火绳、朝鲜族的顶水罐赛跑、傣族的孔雀拳等都是其他民族所没有的。即使是同一体育项目，也各有其民族特点，如已列为全国少数民族传统体育运动大会比赛项目的蒙古族式摔跤"搏克"、维吾尔族式摔跤"且里西"、彝族式摔跤"格"、藏族式摔跤"北嘎"、回族式摔跤"绊脚"等活动都反映了各民族的特点，具有鲜明的民族特色。

民族传统体育根植于各族生活的富饶土壤中，饱受中华文明的滋养，在薪火相传中强壮人民的体魄，凝聚人民的感情，每个项目在形成与发展的过程中，形成了不同民族内部共有，又区别于其他民族传统体育文化的民族性特征。

## （二）地域性

地域是一个民族长期繁衍生息的空间条件，各地区民族由于受不同地理环境的影响，形成了多姿多彩而又各具特色的民族传统体育项目，如南方的龙舟竞渡、西北沙漠的赛骆驼、山地的竞走、草原的骑射、丛林的射弩等，无不保留着不同地理环境对人们生产、生活方式的烙印，这些形式多样的传统体育项目随着地方民族文化沿袭至今。具体地说，民族传统体育的地域性主要基于自然环境、生产方式、文化心理三种因素。

### 1.自然环境因素

自然环境为各民族传统体育的起源从物质条件方面做出了最基本的保证，如北方草原地区的赛马、南方水乡的龙舟、山地的爬山登高等。确切地说，各族人民首先从各自生存环境中找到了本地区独特的运动器材，并在运用和改良这些器材的基础上，逐渐形成了特有的体育项目。南方多产竹，便为跳竹竿或爬竹竿提供了便利；北方盛产马，因而发展出赛马、马术、叼羊、"姑娘追"等丰富多彩的马上项目。

### 2.生产方式因素

从广义上说，一切文化起源于人们的生产实践，因此体育的内涵也与人们的生产劳动息息相关。各地区生产方式不同，直接造成了各民族间体育的差异。例如，游牧民族在放牧和狩猎活动中，为捕捉和驯服野兽或牲畜，免不了奔跑追逐、投掷射击，甚至要与野兽搏斗，因此便产生赛跑、射箭、赛马、摔跤、搏斗、套马、投掷、举重等项目。再如，赫哲族的叉草球项目与叉鱼有关，是叉鱼工作的陆上训练；鄂伦春族、鄂温克族的滑雪项目与林海雪原中的游猎活动有关；高山族的投梭镖、挑担赛、舂米赛；畲族的赛海马、登山；壮族的打扁担；南方各民族的划船比赛；等等。这些运动都具体而生动地反映出民族传统体育来源于当地人民的生产劳动。

### 3.文化心理因素

基于各自独特的自然环境，各地区人民逐渐形成了与之相适应的、相对稳定的心理结构，它渗透在民族文化的各个方面，集中体现了当地人民的文化心理特征。所谓"南方好傀儡，北方好秋千"以及"南拳北腿"等说法，都是文化心理差异给体育活动造成的影响。从总体上看，北方地势平缓开阔，季节明显，为人们生产和生活提供了宽广的活动空间，逐渐形成了崇尚勇武、豪爽奔放的精神，因此力量型的项目较为突出，如摔跤、奔跑、搏斗、举重等；南方多丘陵山地，且山环水绕，气候温和，人们的性格也趋于平和细腻，富于思考、长于心智活动类的项目及技巧型项目比较突出，如游泳、棋弈等。仅以舞龙为例，即可明显反映出南北方体育风格的差异：北方以武为主，强调龙的威武豪迈、气壮山河；南方以文为主，突出龙的灵活敏捷、变化自如。除南北方的地域差异外，还存在着山地与水乡、平原与高原等更为细致的差异。正因为这些差异，才形成了同一种运动项目在各地分化出丰富多彩、蔚为大观的分支与流派的现象。

## （三）多样性

体育文化的多源发生、多向发展、多元并存和多样性统一是人类体育文化发展的常态和规律。多样性是中华传统体育文化的一个重要特点。宇宙中的万事万物，其发展形态都表现为从简单到复杂，即从单一性到多样性。这是由事物自身固有的差异性和矛盾性所致。也就是说，事物总是通过自身的这种矛盾性来发展的。我国民族众多，分布极广，环境习性各异，政治、经济、文化教育发展水平也不平衡，这些便造成了各民族传统体育内容、形式的多样性。

民族传统体育的产生往往反映了人们的生活需求和心理诉求，我国民族文化的多元性是传统体育多样性的源头。总体来说，民族传统体育源自生产劳动、军事战争、文化交往和健身娱乐等诸多方面，不同的民族由于地域和历史等因素，产生的民族精神、民族群体品格也不同，这些价值取向和风俗形态上的差异，使得民族传统体育在形式和内容上具有多样性的特征。从多样性的具体形式来看，民族传统体育首先表现在其不同项目数量、种类方面，其次表现在同一个运动项目的多样化存在形式上。如我国的武术，据1982年全国武术挖掘整理遗产资料统计，依据源流有序、拳理明晰、风格独特、自成体系等原则确定全国共有129个拳种；又如舞龙运动，不但在汉族地区有多样的形式，而且在一些少数民族中也有多种形式。

中华民族传统体育文化作为中国传统文化的重要组成部分，在全球化环境下理应保持文化多样性。在保持民族特色的基础上，要积极借鉴现代体育的优秀成果，以科学理智的态度欣赏和借鉴世界其他民族传统体育文化的优秀成果，并通过不断的交流、互渗、融合、互补与创新，构建本民族文化的"个性"，使其融入全球体育文化的潮流，得到实质性的发展。多样性是民族传统体育重要价值的体现，在当今世界信息高度发达、体育竞技日趋统一的背景下，民族传统体育的多样性是我国文化的重要特点。

### （四）节庆性

节日是一种文化现象，我国著名民俗学家钟敬文说："民间流行的节日，是各民族所同有的、必然要有的文化。"体育也是一种文化现象，鉴于文化现象具有可融合性，我国民族传统体育与节日相关亦在情理之中。在传统节日里，举行体育竞赛与表演就成为必不可少的内容。朝鲜族在本民族的传统节日里有打秋千、跳板、摔跤、顶瓮竞走等竞赛内容；维吾尔族在肉孜节、古尔邦节时也进行民族传统体育项目——沙哈尔地、叼羊、刀郎操、赛马、达瓦孜；藏族有赛马节、淋浴节；苗族有爬山节、射花节；蒙古族有那达慕、马奶节。这些节日都以开展民族传统体育为目的，开展形式往往与歌舞相伴，娱乐性与观赏性较强。我国民族的传统体育活动，与民族的传统节日有着十分密切的关系，可以说，民族的传统体育活动，是民族节日中不可缺少的重要内容，了解和研究民族传统节日与体育活动的关系，将有助于民族传统体育的传承和发展。

### （五）传承性

传承性是指民族传统体育在时间上传衍的连续性，同时也是指一种传递方式。民族传统体育是我国传统文化的重要组成部分，在传承中既有民俗文化的特征，又有体育本身的特征。我国民俗学家乌丙安在《中国民俗学》

中指出："传承性是民俗发展过程中显示出的具有运动规律性的特征。这个特征对民俗事务的存在和发展来说，应当说是一个主要特征，它具有普遍性。"民族传统体育的传承性就是指其在发展过程中口传身授、身心结合的实践传递特性。

进入 21 世纪以来，文化的传承，特别是各国各民族传统文化的传承引起了全世界的高度重视，联合国教科文组织自 2001 年开始评选人类口述和非物质遗产名录，至今已经评选了 5 批。2005 年 3 月 31 日国务院发布的《关于加强我国非物质文化遗产保护工作的意见》中提出"保护为主、抢救第一、合理利用、传承发展"的工作指导方针。第一批国家级非物质文化遗产名录中将传统武术等内容归入杂技与竞技分类中，仅占全部项目的 3.3%。从第二批开始，国家正式以传统体育为分类项目，而且占比超过 7%，说明传统体育不仅仅以运动形式存在，它是优秀民族文化的符号这一属性也得到认可。传统体育类非物质文化遗产的确立，为民族传统体育这一学科提供了新的内容，保护和传承这些优秀文化已是当务之急。传统文化是一个民族历史上创造的文化总和，而文化遗产是传统文化中传承下来的最精华的部分，是各民族历史上遗留下来的值得保护的物质财富和精神财富。传统文化可以变异、创新、重构，但文化遗产却只能保护其原形态，不能重新创造。

## （六）时代性

在社会历史发展的进程中，各个时代都给予了民族传统体育一定的影响，因而民族传统体育也间接地反映出时代的特点。19 世纪 40 年代以后，西方体育开始传入中国，因为相对于民族传统体育而言，西方体育项目的竞争性更强，规则和方法也更为严密和统一，因而也最先、最易为现代文明发展较早的通商口岸、大中城市、学校所接受，但在较偏僻或接受现代文明影响较晚的广大乡村和民族地区，则仍以开展民族传统体育为主。随着时代的变迁，中西方体育在互相影响、互相渗透中交融发展。在现代社会中，一些民族传统体育项目为了能更好地发展，并为其他民族所接受，在器材制作、比赛规则等方面也有大的改进。这说明民族传统体育具有时代的烙印。

## （七）交融性

在不同地区、不同民族的某些相同或相似的体育项目之间，客观上存在着向其中一个民族或一种项目靠拢和聚合的现象，最终形成一个被不同地区、不同民族都能认同并广泛开展的运动项目，这种现象被某些文化学者称为"文化赛合"。同时，它体现了民族传统体育发展规律中的一种共融性特征。这种共融又分为两种情况：一是同一项目在不同民族间的融合；二是不同项目之间的融合。

### 1.民族之间的融合

同一项目在不同民族间的融合是在各民族文化交流与发展的大背景下进行的。从起源上说，某一体育项目最初总是从某一地区、某一民族中首先发展起来，而后随着各民族间的文化交流，逐渐被具有相同自然条件的民族所接受和改造，这一项目也因此而丰富、成熟起来。以龙舟比赛为例，据考证其最初应起源于古越一带，后来由于古越文化和长江中游文化的往来，逐渐扩展至我国南方大部分省区。据统计，仅地方史书对龙舟活动有详细记载的就达数百条，涉及我国南方的十五个省区。其他如球类、秋千、骑术、武术、围棋等项目也都是各民族人民共同创造的体育活动，集中体现着各民族人民的智慧。

### 2.项目之间的融合

在各民族传统体育项目融合的过程中，不同运动项目之间经常会出现互相模仿、移植和改造的现象。比如，在清代乾隆年间，满族人就把足球与滑冰结合起来，发明了一种"冰上蹴鞠之戏"的冰上足球运动，并作为禁卫军的训练内容；把射箭与马术结合，形成了骑射；把球技与马术结合，发展出了马球；球技与游泳相结合则形成了水球；等等。体育项目之间的融合，进一步提高了各民族原有项目的技巧性和观赏性，是体育项目发展到成熟阶段的表现。

此外，民族传统体育的融合还表现在文化和艺术的相互融合上。我国各少数民族能歌善舞、能骑善射，产生了技术性和艺术性相统一的传统体育项目，既强身健体又愉悦身心，达到健、力、美的和谐统一，如黎族的"跳竹竿"，击竿者跪、蹲交替，节奏越打越快，难度越来越大，跳竹竿者随竿的分合与高低变化灵巧地跳跃其间，展现出各种优美的姿势。这就要求参与者不仅具有良好的身体素质，还要具备较高的音乐素质和舞蹈技巧，在这些因素的互相交融作用下，构成了民族传统体育丰富多彩的内涵。

## （八）人文性

民族传统体育作为民族文化的重要组成部分，有着深厚的人文特征。所谓人文，指人类的社会历史发展过程中所创造的物质财富和精神财富的总和，这里特指精神财富。

中国传统体育人文精神源远流长。在民族传统体育中，可以看到中国传统文化的许多特征，传统生命观、健康观和与此相适应的保健体育，都蕴含着有关人体科学的丰富内容，里面所包含的重要辩证思想，如注重身心统一、内外协调、动静配合等，对当今人类的保健活动仍然具有重要的指导意义。中华民族传统体育人文文化中的"重人"是指将个体融入群体中，通过人与自然、社会、人际以及人自身心灵诸关系合乎中庸平和的协调，强调人对宗族和国家的义务，这种文化特质在某种程度上弥补了西方文化的不足。

民族传统体育蕴含了丰富、深刻的文化内涵，挖掘、提炼其中所蕴含的人文精神特质，弘扬和塑造民族传统人文精神，为当前民族传统体育的发展提供支撑和驱动力，是发展和振兴民族传统体育的历史必然。

## （九）不平衡性

随着国家对民族传统体育开展的不断重视和倾斜力度的加大，各民族区域内的少数民族都在合理充分地运用本区域内的各种资源，积极有效地开展具有民族特色的传统体育活动。少数民族传统体育在自身发展的过程中，受到许多内部和外部因素的制约，在发展形态、流传范围以及运用资源等方面，存在着明显的差异。内部因素包括活动的组织形式、参与人数、社会功能等；外部因素主要来自自然环境和社会领域两个方面。这些因素纵横交错、参差不齐，最终导致了民族传统体育开展程度的不平衡性。

### 1.流传范围的差异

依据开展区域和参与人数两个标准，大致可从流传范围角度把民族传统体育分为三类：第一类指在全国范围广泛开展并拥有一定国际影响的运动项目，如武术、摔跤、毽球、舞龙、舞狮等，这类运动是我国民族传统体育最重要、最典型的组成部分，传统文化底蕴深厚；第二类指在某个民族聚居区广泛开展，但尚未流行于全国的项目，如蒙古族那达慕的"男儿三艺"、藏族的赛牦牛、维吾尔族的叼羊、苗族的打毛毽和八人秋、壮族的打扁担等都属于此类，它们是我国民族传统体育中富有民族风格的组成部分；第三类项目仅在某一地区、很少一些人中开展，而不被广泛了解与实践，这类项目也正是民族传统体育中亟待发掘和整理的内容。

*2.发展形态的差异*

一旦某种体育项目有潜在的广泛接受性，并且和该民族的文化心理特征相契合，那么它在漫长的历史传承中，必然会通过各地区间不断的交流与融合，逐渐克服自身局限，求同存异，最终发展成一种规则系统化、模式固定化、活动人群常规化的成熟体育活动。一般来讲，文化特征明显、锻炼内容独特、表现形式新颖且群众基础较好的运动项目往往最先发展成熟，其标志之一就是由政府部门制定专门的比赛规则。根据开展范围的情况，这种规则又分为国际级、国家级和地方级。许多在我国开展得较为频繁的项目已具有国家级以上的比赛标准，如武术、摔跤、围棋等，而有些项目仅有地方性标准，如蒙古式摔跤、苗家跳鼓等。民族传统体育史的发展规律表明，任何一种成熟的体育项目总是从某一地区和民族中首先发展起来，而后逐渐成为多民族的共有项目，最后才可能稳定、规范和成熟。这种规律至今仍在延续。在近几年民族运动会上，木球、抢花炮、珍珠球等项目正呈现出多民族共同参与的趋势。在一定意义上，我国现代已广泛开展的传统体育项目，都是民族传统体育发展到成熟阶段的产物，甚至还可以说，在世界范围内正在开展的现代体育项目，有相当一部分也是我国民族传统体育发展至成熟阶段的优秀成果。

## 二、民族传统体育的内涵

民族传统体育是中华传统文化的重要组成部分，其源远流长的历史、丰富的文化内涵、独特的表现形式，构筑了中华民族传统体育文化的宝库。传统文化大多是以民族的形式发展起来的，民族在其产生、发展过程中所形成的民族语言、民族性格、民族精神面貌、风俗习惯、传统与道德生活方式以及社会关系等，构成传统文化的特征。所谓中国文化指的是中华民族的传统文化。它对民族传统体育的产生及发展带来了巨大影响。文化不是抽象的、空泛的，传统文化很大程度上就是民族文化，民族传统体育是它的一种折射。

　　一个世纪以来，中国民族传统体育经历了巨大的震荡。在最初阶段，表现为民族传统体育对西方体育的抗拒并企图摆脱它的影响。20 世纪初，一些民族传统体育活动随着体育本身的衰落而衰亡，剩余部分也陷入困境，它们在社会生活，尤其是在城市生活和教育中的影响急剧减弱。总之，民族传统体育活动由于逐渐失去了其原来赖以生存的社会基础，一时又未能确定自己在新的社会生活中的地位。同时，西方体育的传播和扩张，势必影响当地的传统文化。在近代体育文化大规模传播和交流时期，东方各国缺乏契机，只能被动地接受西方体育文化，势必对本国的民族传统体育造成生存危机。但中华民族是世界人口最多的东方文明，自古以来就有统一的民族文化基础。历史上中华民族的交往、冲突和纷争，最终给中华文明带来丰富的新鲜血液，为中华文明带来了活力。汉族对异族文化有着异乎寻常的同化力，与周边的少数民族文化一起融化在大一统的文化中。中国民族传统体育是社会政治、经济、军事、文化、教育、风俗习惯和民族传统的集中反映，是随着社会文化而产生、发展和演变的。它是由于生存区域、生存环境、生产劳动和生活方式、文化积累和传播的不同而导致的不同于其他民族的体育文化。它是一种植根深厚、稳定的精神物质文化，但又在历史变迁中不断改变其具体的结构式样，呈现出多姿多彩的差别来。这种在相承相续中的渐进式发展，使得民族传统体育文化在历史演进中，开放出灿烂的花朵，孕育出丰硕的果实。它内在的文化魅力和文明价值突出地再现了民族特色、民族心理和民族意识。随着人类文化的进步，中国民族传统体育得到了前所未有的发展，其内容日趋丰富和完善，价值和功能越来越为人们所认识，成为现代社会生活中人们强身健体、修身养性不可缺少的方法和手段。

　　物质性、行为性、精神性是构建民族传统体育内涵的三个有机组成部分。

## （一）物质性

　　劳动过程中的各种思想物化品为民族传统体育的产生、发展奠定了物质基础，这是民族传统体育文化内涵中最高层次的部分。生产劳动是人类区别于猿类的特征，又是文化创造的开始。当人类作为自然生态环境的生命开始文化创造活动的时候，即使是最粗糙的简单文化，也无不是从对自然存在物进行直接加工开始的。而文化成果又是建立在生产资料和生活资料的物质劳动过程中的，其技术、社会和价值方式都作为相当复杂的文化体系而存在。就是在这样的社会发展背景下，民族传统体育是一个民族在特定区域、特定的社会人群中，伴随着一定生产资料和生活资料的生产所创造、享用和传承的物质体育文化现象。

### （二）行为性

民族传统体育作为人类社会的一项特殊活动方式，从一开始就是在社会中进行的，孤立的单个人的活动是不可能存在的。尽管民族传统体育活动常常通过个人的行为方式来体现和进行，但任何人的行为都脱离不开与社会的联系且受制于社会。参与民族传统体育活动的人，永远是物质体育文化的产物，而整个民族传统体育的发展，又受社会的政治、经济、文化等的制约和影响。在一定的社会关系中，这种社会关系不论是以物为对象还是以人为对象，其参与活动的行为构建都包含两个方面：一方面是在物质财富的创造过程中，社会以人为中心所形成的血缘、地缘、行业的组织关系，所形成的政治制度和政治组织，而表现的出组织建立、演化过程中人与人之间的规定性行为，表现出的政治制度下人与人之间的特定关系和规定性行为；另一方面，则是参与民族传统体育活动的人所流露的价值观念和感情趋向。因此，民族传统体育行为过程，就是社会的人按一定社会所提供和规定的条件，以一定社会所特有的体育形式来进行活动的过程。

### （三）精神性

体现在民族传统体育精神内涵的是价值观念。民族传统体育的价值观念往往表现为对体育个体价值的放大和体育活动基本功能的深化，如以人格的发展为前提，继而以社会活动形式出现的民族式体育活动似一股巨大的文化潮流进入人们的社会生活，对提高人们的文化生活质量起到特殊的作用。又如现代体育运动的竞争性、公正性、公开性等精神需要与时代合拍，推动社会价值观念的进步，民族传统体育也毫不例外。简而言之，民族传统体育内涵的物质性、行为性、精神性并非泾渭分明、互不相干，而是互相依存，共同形成一个有机整体。一方面，物质为民族传统体育活动提供了存在的基础，使民族传统体育以人的身体为基本承载体，垫铺在"物质基础"之上，实现最根本和最有效的人类活动；另一方面，民族传统体育活动对人的心理和精神的锻造，使顽强、果断、坚韧等优良素质得到提高。精神活动为民族传统体育活动提供精神动力和智力支持。

# 第四节　民族传统体育项目分布与分类

## 一、民族传统体育项目的分布

中华民族传统体育文化背景下的各民族传统体育，以其特有的风格和形式，形成丰富多彩的多元文化形态，受到本地域各民族人民的喜爱。而且，由于其功利性或健身、娱乐等原因，而被其他民族所借鉴。

### （一）不同民族所具有的项目

中国是一个由 56 个民族组成的统一国家，人群分布范围极广，环境、习性各异，政治、经济、文化、教育发展也不平衡。所有这些导致不同民族形成各具本民族特色的传统体育项目，如苗族的射弩、斗牛、芦笙刀、划龙舟、舞龙，土家族的打飞棒、茅古斯、抢贡鸡、石锁、石担，哈尼族的磨秋、赛蒙抬、打石头架，傣族的藤球、象脚鼓对踢、丢包、跳竹竿、傣族武术，壮族的掼龙、打扁担、打陀螺、摔牛、抢花炮，瑶族的打陀螺、射弩、射箭、打长鼓、推竹杠，白族的摔跤、划龙舟、斗鸡、耍火龙，彝族的射箭、射弩、赶老牛、爬竿，侗族的哆毽、抢花炮、耍春牛、踩芦笙，景颇族的刀术、爬滑竿、顶竿，布依族的划龙船、花棍舞、甩糖包、耍狮，纳西族的赛独木舟、秋千、东巴跳，佤族的打鸡棕陀螺、爬竿、跳木鼓、布球、藤球、鸡毛球、顶杠、布隆（摔跤），傈僳族的弩弓射击、泥弹弓、衣昂急、背什、投掷、拉祜族的射弩、卡扒打马桩、投茅、鸡毛球、遍打（摔跤），水族的赛马、狮子登高武术，仫佬族的游泳、抢花炮、打篾球，羌族的推杆、摔跤、骑射、秋千，布朗族的藤球、爬竿、斗鸡、射箭、跑马，毛南族的同填（即撞或碰）、同顶、同背、同拼、石担、石锁、三棋、围目棋、抛沙袋，仡佬族的打篾鸡蛋球、高台舞狮，阿昌族的耍象龙、荡秋、蹬窝罗、刀术、棍术、拳术，普米族的射箭、射弩、摔跤、抛鸡毛球，怒族的溜索、跳竹、怒球、踢脚、划猪槽船、滑草、虎熊抱石头，鄂温克族的套马、狩猎、滑雪，德昂族的射弩、武术，独龙族的射弩、溜索、登独木天梯，鄂伦春族的射击、夏巴（射箭）、赛马、爬犁、毛皮球、拉棍、滑雪，赫哲族的叉草球、滑雪、击木轮赛、木枪射击赛、赛狗爬犁、打爬犁，门巴族的狩猎，珞巴族的射箭、射碧秀，基诺族的跳牛皮鼓、竹竿比赛、打毛毛球、泥弹弓，蒙古族的赛马、射箭、贵由赤，满族的射箭、摔跤、冰嬉、狩猎，藏族的赛牦牛、赛马、马术、大象拔河，朝鲜族的摔跤、荡秋千、跳板、顶罐走、铁连极（武术）、投骰，回族的打铷球、木球、武术，维吾尔族的且里西、叼羊、达瓦孜，哈萨克族的姑娘追、赛马、夏台麻特，柯尔克孜族的射箭、赛马、马上角力，乌孜别克族的叼羊、追姑娘，塔吉克族的斗羊赛、斗鸡赛、马术，锡伯族的射箭、赛马、摔跤，塔塔尔族的滑雪、赛走马、玩爬犁，达斡尔族的渡依阔、劲力、射箭，俄罗斯族的击木、鄂肋，东乡族的赛马、压走骡、巴哈邦地、跑火把、一马三箭，保安族的夺腰刀、甩抛尕、打石头，裕固族的浩尔畏、赛骆驼、拉爬牛，土族的拉棍、拔腰、赶猪、打作若、挑作若、打岗，撒拉族的打缸、打蚂蚱、蹬棍、赛瓦、打日斗来、下方，高山族的竿球、背篓球、斗走（跑）、射猎、竹摔、斗力（角力）、弄龙、弄狮，畲族的操石磉、打尺寸、抢山猪头（掷类）、赛海马、斗牛、打野战、站住、畲族拳，京族的打狗、踩高跷、跳竹竿、顶竹竿，黎族的卡略（跳竹竿）、打花棍、打狗归坡（类似曲棍球）、益冽（又称掷标）、钱铃双刀（类似武术），55 个少数民族都有各自的体育项目。

## （二）各种地域类型中的民族传统体育项目分布

各种民族传统体育都被深深打上了地理环境的烙印。根据中国不同区域环境，民族传统体育项目分布在以下几种特别类型的环境中：

### 1.山寨区

山寨主要指西南少数民族的居住形式，这是原始农耕文明的一种集中反映。山寨民族表现出了对所处自然环境的一种依赖性心理。由于云贵高原的喀斯特地形，这里有很多崇山峻岭、溶洞暗河，自然条件和社会环境十分恶劣，有的民族长期以来还一直保留着原始的刀耕火种的粗放型自然经济的生产方式，在他们的社会生活中，保留着许多原始的生产方式和生活方式，体现出对自然环境的一种极大的依附性，并且经过长期的生存斗争和社会实践，创造和形成了许多独特的文化和风俗习惯。其中独树一帜的为丰富多彩的民族传统体育项目，如土家族、苗族、瑶族、独龙族具有的射弩、武术，苗族的跳鼓、接龙舞、上刀梯以及西南少数民族的脚踩独木穿急流等。

### 2.平坝区

在山地和高原上，分布着大小不一的山间盆地或高原台地，这些比较平坦的地方俗称"坝子"。"坝子"地势比较平坦，土质比较肥沃，水利条件大多也比较好，有利于农业生产。这种文化类型在生产方式上主要表现为稻作文化。历史上由百越族演化而来的彝、壮、傣等民族，构成了平坝型的主体民族，形成了投绣球、抢花炮、打扁担、春榔争蛙、打陀螺、跳花灯、打手毽、摔牛、跳桌、秋千、划龙船、抬天灯、搭人山、虎抱羊、板腰、翻歪涧、象脚鼓对踢、藤球等民族传统体育项目。

### 3.游牧区

游牧是中国西北少数民族的一种经济活动形式，它们与马、牛、羊结下了不解之缘。虽然这些经济活动方式在空间分布上具有交叉切入性，在时间进程中具有转换更替性，在具体内容上具有重叠融会性，但从民族主体来看，形成了以藏族为主体代表的高山草场畜牧型，以蒙古族为主体代表的戈壁草原游牧型，以维吾尔、哈萨克族为主体代表的盆地草原游牧型。这些经济活动方式成为民族传统体育生活方式的物质基础，并通过经济活动所产生的自豪感、依恋感，潜意识地促进民族传统体育文化的发展，其有赛马、赛牦牛、赛骆驼、马上角力、贵由赤、摔跤、射箭、马术、斗牛、斗羊、骑马竞速等饱含着浓郁北方地域色彩的体育项目。

### 4.河流湖泊区

河流被称为大地的动脉，湖泊被誉为大地的明珠。西南境内的流江、澧水、天水、酉水、洞河、乌江，东北的黑龙江及松花江、乌苏里江，发源于青藏高原西北的黄河支流以及靠近海边生活的黎族、高山族、京族等民族，其传统体育就与水产生了紧密的联系，各民族具有多项与水有关的民族传统体育项目。比如，苗族、白族、侗族、布依族的划龙船、踩独木划水、游泳潜水摸鱼，回族、东乡族、保安族的牛羊皮筏竞渡、夹木过渡、人牛泅渡，满族的溜冰车、溜冰、雪地走、滑雪等体育项目。

### 5.丘陵山区

丘陵山区是中国地理环境状况的又一基本特征。西南的独龙族，西北的回族、东乡族、撒拉族、保安族、裕固族、土族，东北的赫哲族、鄂伦春族，是居住在这种地形的主要民族。因而，分布着射弩、摔跤、溜索、跳高石索、掼牛、打木球、武术、堆人山、排打功、石担、耍中幡、三连石投击、打土块仗、抱腰等民族传统体育项目。

# 二、民族传统体育项目的分类

中华民族传统体育随着人民的生产劳动、宗教信仰、军事战争活动而孕育产生，其历史悠久、形态多样。经过历史的洗礼，民族传统体育在其发展过程中，不断相互融合、相互影响，发展到今天，传统体育项目更是丰富多彩。但是，随着全球化进程的加快和奥林匹克运动的不断发展，我国民族传统体育项目正在不断地遭受冲击，一些民族传统体育项目甚至处于濒临灭绝的边缘，抢救与保护民族传统体育将是当今从事民族传统体育研究与开发的工作人员的重要职责之一。为了便于对民族传统体育项目进行认识，我们需要对其众多项目进行分类。

## （一）分类依据

### 1.多民族性

我国是世界上民族最多的国家，民族融合、多元文化特征明显。除汉族外，蒙古、回、藏、维吾尔、壮、苗、布依、朝鲜、满、侗、瑶、白、土家、哈尼、哈萨克、傣、黎等 17 个民族的人口为最多，其次为水、傈僳、畲、拉祜、佤、东乡、纳西等 15 个民族；再次有撒拉、布朗、毛南、塔吉克、普米、裕固等 23 个民族。历史上的军事战争、洪涝灾害造成几次民族大迁移，使各民族文化相互渗透、融合。尤其是辽金元清时期女真人、蒙古族、满族进入中原，随之将少数民族文化带入全国各地，打破了汉文化一统天下的格局，最终形成既具有统一性又具有多样性的多元文化，少数民族从各方面表现出自己的文化特征。随着现代化进程和商品经济发展的不断深入，给民族地区文化注入了新的内容。

### 2.生态地理属性

传统体育作为民族文化的精粹，是少数民族人民大胆开拓、勇于进取的优秀文化传统的表征和物化。少数民族人民是传统体育文化实践的主体，他们的活动一定会受客体，如生态气候、地理环境的影响。因此，独特的气候地理环境就相应产生了独特的传统体育文化。

### 3.多元文化

民族是社会历史发展到一定阶段的产物，由于受独特的地理区域和政治经济因素的影响，有语言、心理、文化的差异。因此，民族文化（包括传统体育文化）就有了表现本民族心理、本民族风俗的特色，有了其相对的排他性和特异性。中华56个民族传统体育文化全方位地折射出各少数民族的民族特色，形成民族文明之林的一道独特而又亮丽的风景，如藏族赛牦牛、蒙古族铁儿三项、塔吉克族叼羊、哈萨克族姑娘追、壮族抛绣球、侗族抢花炮、白族霸王鞭、苗族跳芦笙、达斡尔族渡依阔、朝鲜族荡秋千、满族冰嬉等。这些传统体育项目与民族文化紧密相连，充分展现少数民族人民的生活情趣，具有强烈的民族性。这些民族性很强的传统体育项目深刻反映了各民族的民风民俗和产生活方式，并为不同类型的民族传统体育项目的形成奠定了雄厚的社会基础。

## （二）项目分类

### 1.以嬉戏娱乐为主导的项目

以嬉戏娱乐为主导的民族传统体育项目是一种以闲暇消遣、健身娱乐为主要目的而又有一定模式的民俗活动。这些项目，虽有一定的规则，但不严格，其嬉戏、娱乐的主旨不变，其特点为不追求体能难度和决胜欲望，与竞技娱乐相区别，人们在相对缓和的形式下"耍乐"。人们比试胜负，但不只以胜负为意，注重情感的调试、身心的愉悦。它分为四个亚类：

（1）智能类。主要指各民族棋类项目，以启迪智力为主要目的，抒发人的心情，唤醒人们内在的活动能力，满足人们挖掘自己潜能的渴望。

（2）踢打类。主要指人们在自身发展过程中，结合地域实情，因地制宜，采用各种器具踢打各种目标的一种传承性嬉戏娱乐项目。它有助于成人之间的联系沟通，增强群体的凝聚力和社会活动，是人们休息和度过闲暇时光的一种生活方式，也是调剂社会生活的一种文化需求。

（3）投掷类。源于狩猎时代，特别是西北农牧民由于长期与动物打交道，对其习性、特点有较深了解，因而许多投掷游戏项目都是打猎生产的再现。

（4）托举类。通常为"戏耍"所举器具，器具为铜、铁、石所做，也有负重项目，是一种身体表征与精神运动，缺乏嬉戏娱乐规范的非语言文化交流，但其身体表征对于人的交往是一个很好的补充。

2.以竞技能力为表现形式的项目

以竞技能力为表现形式的民族传统体育项目主要是指游戏娱乐中包含着竞技心理，以赛体力、技巧、技能为内容的娱乐活动。民族传统体育竞技项目数量众多，范围广泛。从参赛人数看，有独显身手的，有2人对垒的，还有多人参与的；从竞赛空间看，有室内竞技，也有室外竞技；从有无器械看，有的使用各种兵器、日常生活器物表演技巧、技能，有的则单凭自身体能做精彩表演；从性质和表现形态看，可分为体能类、竞速类、命中类、制胜类、角力类、技艺类六大类型。以下从性质和表现形态进行分类介绍：

（1）体能类指陆地长跑、滑雪及水中竞渡、泅渡等长距离的比赛项目，它的目的是在游戏中提高身体素质和体能。

（2）竞速类主要指少数民族赛马、赛骆驼的比赛项目。赛马是人与马相互配合的技艺，不仅要挑选最好的马匹，骑手们也要随着马儿的奔跑移动身体。赛马已成为少数民族一项重要的传统体育竞技项目，它有速度赛马、耐力赛马、花样赛马、形态赛马等形式。

（3）命中类是以中靶多少评定成绩的竞赛项目。少数民族的射击、射箭均为命中类项目，它以不同的距离、不同的号号、不同的箭数、不同的发数而决定胜负。

（4）制胜类是以赛力为主的对抗性活动，主要指摔跤项目。在摔跤过程中，跤手们身着特制服，在浑厚雄壮的摔跤歌声中走上跤场，施展提、拉、推、压等动作，将对手制服。

（5）角力类是用绳套在颈部、肩部或腰部，或双手持器械，在地上画线为河界，一方将另一方拉过河界为胜的项目。这类项目在不同的民族有不同的名称，藏族称其为押架、大象拔河，裕固族称其为拉爬牛，土族称其为拉棍，满族称其为拉地弓。它是一种特殊形式的角力游戏，也包括马上角力项目。

（6）技艺类是以竞赛技巧为主要内容的娱乐项目。它与体能类竞技相比，以巧见长，竞赛者在各种拳术、马上技艺、空中走索等项目中表演踢、跳、蹬、拉、打、翻身、举等各种技巧动作。

3.以配合节庆习俗的民族传统体育项目

从节庆的类型来看，主要可分为五大类型，即宗教祭祀类、新春伊始类、农事生产类、婚恋郊游类和娱乐狂欢类。通过这类活动把一个民族的传统文化通过一种形象直观的方式表现出来，使得民族古老文化复活重现。

（1）宗教祭祀。如西南少数民族纳西族很早就融合了汉、藏、白等民族文化，建立了发达先进的社会经济。祭天是纳西族最隆重的活动，其中最重要的事项之一就是举行东巴跳，表演耍刀舞、弓箭跳、磨刀跳等，保留了有利于身心健康的古典体操、武功部分，表现了纳西族人出征前的操练祈祷和胜利后的祝捷。

（2）新春伊始。我国少数民族的新春伊始，一是和汉族群众一起过农历的春节；二是根据原始的物候历，确定本民族新年；三是根据太阳或月亮的运行规律，制定传统的民族历法，由这种立法确定本民族新年；四是由于历史的各种原因，由习惯而形成的新年，其日期一般都在收获季节之后。青海藏族地区使用现在的农历制定了藏历，用天干的五行与地支的十二属相搭配计算，从木鼠年算起，每60年一个轮回，藏族称其为"绕琼"。从藏历初二起，藏族同胞开始搭台演藏戏，跳锅庄舞，举行赛马、赛牦牛、角力、射箭、拔河等活动。蒙古族早期以草之青、枯为一年春秋二季，后按草木、景物、气候的变化发展为一年四个季节。蒙古族又崇尚白色，以正月为"白月"，称新年为"白节"。除夕之夜后，男人下蒙古棋、听艺人奏艺说书，妇女儿童玩羊骨拐或纵情歌舞，并相互拜年和举行赛马等活动。柯尔克孜族有自己的古老历法，农历三月二十二过"诺劳孜"节（即新年）。过节期间，互相拜年，举行马上角力、打靶、叼羊以及摔跤、拔河、荡秋千等体育活动。

（3）农事生产。农事生产是丰富多彩的民族节日的另一部分，是他们欢庆劳动丰收或预祝来年更加幸福的传统日子，如苗族的吃新节就是苗族祈祷丰收的节日。每逢节日，苗族同胞身着盛装，吹响芦笙，举行打斗牛、斗雀、赛马、游方等活动，以预祝丰收，而侗族的播种节则以歌舞表演为主。

（4）婚恋郊游。起源于人类社会群体的需要，在特定的民族时代和地域中不断形成、扩散。这类节日具有青年活动的特点，是青年男女谈情说爱、尽情欢乐的日子。居住在新疆的俄罗斯族，每年农历的六月底或七月初，要为男女青年过一个成年节。过成年节的姑娘和小伙子都会身着盛装，女孩子一律是白纱衣裙，形同新娘，因为成群结队，所以成年节又有"新娘庙会"之称。届时，会举行歌舞娱乐活动，让青年欢度节日。

（5）娱乐狂欢。少数民族大多热情奔放，善于抒发自身情感，有各种各样的娱乐性节日，如4月中旬的苗族姊妹节，其活动主要有苗族的刺绣工艺展示、大型土风歌舞表演、情歌对唱大赛、斗鸡斗鸟比赛、民间踩鼓、跳芦笙、吃姊妹饭、民间游方。又如侗族的芦笙节等都要进行娱乐狂欢活动，娱乐节目有撒实威威、阿勤难、舞铃铛、跳花鼓、吉菠基伸、耍龙、爬油杆、爬树追逐游戏、霸王鞭、绕山林、仿鸟舞、葫芦舞、斗狗、高跷、独木天梯、蹭窝乐、打格螺、抢花炮、抢花灯、爬坡杆、蹉石球、轮子秋、踢毛毽、沙哈尔地(空中转轮)、二人秋千、踩高跷、风车秋、人龙、滑草、虎熊抱石头、车秋、耍白象、象脚鼓对踢、跳木鼓、跳鼓、芦笙舞等。

综上所述，嬉戏娱乐的民族传统体育项目分为智能类、踢打类、投掷类、托举类，它是人类在具备生存所需物质的基础上，为满足精神的需求而进行的文化创造。竞技能力的民族传统体育项目又分为体能类、竞速类、命中类、制胜类、角力类、技艺类，它是嬉戏娱乐中所包含的竞技心理，是一种以竞赛体能、技能、技巧为主的娱乐活动项目。节庆时节的民族传统体育项目是一种寓意深刻的独特的文化表达方式，反映出不同民族社会历史和文化变迁的轨迹，涵盖了一个民族全部文化活动的内涵。

# 第五节　民族传统体育的功能

民族传统体育的形成经历了一个漫长的历史过程，人们在和大自然相处的过程中不断改变自己和改造社会，以求达到与自然的和谐，实现自身的最大发展。民族传统体育深深根植于各民族的文化中，受特定的民族经济、民族文化、民俗生活制约，以其本质的特点和功能满足个人和社会的需要。它的功能与文化价值主要表现在以下几个方面：

# 一、民族传统体育运动的健身功能

## （一）增强运动系统的功能

经常参加民族传统体育活动可以提高关节的灵活性，使肌肉的力量增强、体积增大、弹性提高，使韧带、肌腱等结缔组织富有弹性。对青少年来说，形体训练对肌肉、骨骼、关节、韧带均有良好的刺激，持之以恒可促进软骨的生长，有助于青少年身体增高，促使骨质更密、更结实。

## （二）促进心血管系统机能的提高

经常参加民族传统体育活动，可以使心肌纤维增粗、心肌收缩能力增强，心输出量增加，提高心脏供血能力；有助于向脑细胞供氧、供能，提高大脑的思维能力。同时，通过循环系统向全身细胞提供更多的氧和养料，可以改善新陈代谢，减少脂肪沉积，延缓血管硬化，有益于健康。

## （三）提高呼吸系统机能水平

在进行民族传统体育活动时，肺通气量成倍增加，肺泡的张开率提高，从而增大了肺部的容积和吸氧量。经常进行民族传统体育活动会使呼吸肌变得有力，安静时呼吸加深、呼吸次数减少，运动时吸氧量大，从而使得机体具有较强的有氧代谢能力。

# 二、民族传统体育的审美功能

人们往往能够从民族传统体育中得到自然的、社会的、艺术的多方面的美的体验。民族传统体育的这种美，能够潜移默化地对人们产生积极的影响，使人们逐渐参与到民族传统体育活动中来。不管是什么样的民族传统体育活动，它们都是在一定的社会基础上存在的，并且受到相当一部分人民群众的欢迎与喜爱，这种喜爱的态度是出于热诚和尊重的美好情感，而这些美好情感则都是在民族传统体育的欣赏和参与过程中感受到的。在民族传统体育盛会期间，组织者、献艺者、观赏者和其他人员会从四面八方赶来，尽管如此，他们彼此之间都会有志同道合的信任和亲切感。因此，在活动中也往往会以爽直和热诚的态度相待。在民族传统体育比赛中，很多对手通过较量逐渐成为非常好的朋友，这往往有助于人们产生缅怀、感激、庄严、热烈、信任、热诚、爽直、亲切、荣幸、自豪等心境。另外，民族传统体育活动结束后，人们往往还会怀念这种美好，从而给人们带来难以忘怀的回忆。

民族传统体育竞技场上运动员表现出的体魄矫健的美感、精湛技艺和出神入化战术的美感，以及千万观赏者热情助兴的声势，也都具有非常高的审美价值。运动员自觉遵守竞赛规则，又能将"宁失一球，不伤一人""赢得起，也输得起"的高尚品格充分表现出来。

在各个民族中，民族传统体育的审美形式多种多样。其中，比较具有代表性的有以下几种：藏族聚居区普遍盛行的赛牦牛，是人们非常喜爱的一种传统体育竞技活动。具有独特民族风格的景颇族的舞蹈"金再再"和"刀舞"也将这个山地民族的强健、勇猛、坚韧不拔的阳刚之气充分体现出来。除此之外，传统武术也表现出较高的审美价值，尤其是在起伏转折、闪展腾挪中，时空变化兼有，造型与动态交替，刚柔相参，神形具备，不仅有形式美，还有意境美、本色美、艺术美等。民族传统体育蕴藏在人们的生活中，能够给人们的生活带来丰富的美感。每个民族传统体育项目的特色各有不同，但不管具体是什么，都是各族人民智慧的凝聚，都能够使民族传统体育朝着更好的方向发展。

## 三、民族传统体育的表演功能

民族传统体育随着社会的发展和要求，表现出了多种社会功能，如我国汉代时期的蹴鞠运动，最开始是锻炼士兵腿部力量的一种军事训练活动，后来演变为一种游戏方法，进而又成为表演性质的体育运动。至宋代，出现了以踢球为生的艺人，当时称之为"齐云社"或"圆社"。他们在喜庆节日或宴会上，给官僚贵族们表演踢球。在我国古代以表演形式流传于世的传统体育项目还有马球、摔跤、射箭、赛马等。而最具表演性的武术，在宋代以后由于套路的出现得以盛行。由于宋代以来江湖卖艺之风兴起，一些民间艺人为使自己的节目更能吸引观众，往往以精彩的武术表演取胜，特别是在城乡节令或庙会期间，艺人们的表演更是形式各异，变化多端。武术表演化的发展，主要表现在花套武艺的流行。《水浒传》描绘的八十万禁军教头王进在史家村看了九纹龙史进练枪棒后，对史太公说："令郎学的都是花棒，只好看，上阵无用。"明代名将戚继光在《纪效新书》里也说："凡比较武艺，务要俱照示学习实敌本事，真可对搏打者，不许仍学习花枪等法，徒支虚架，以图人前美观。"这些说法都表明武术的实用性与表演性的差异，这是有二者不同的社会效用所导致。然而，正是这些花套武术却以其"图人前美观"的特点而为人们喜闻乐见。所以，从宋代开始形成的具有表演特色的武术，开始广泛地流传。

在物质文明和精神文明高度发展的今天，各种民族传统体育表演都在为社会提供精神产品，而且更具观赏性和艺术性。2006年9月21日，第二届全国"四进社区"优秀体育健身项目展演活动以"全民健身、奥运同行"为主题，展演了吉祥秧歌、徒手空竹、花样跳绳、花毽表演等代表全国社区群众体育最高水平的25个项目。

## 四、民族传统体育的教育功能

作为一种综合性的民族文化，民族传统体育包含着人们的价值观、伦理道德观、审美观以及人们的行为模式，一直以来，都在一定程度上影响着教育，可以说，这是中国学校教育不可缺少的一项重要内容。在人类的早期教育中，民族传统体育是通过舞蹈与体育活动的形式实施的。在学校教育未出现之前这类教育就已萌生。原始的早期教育是由将生存技能传授给下一代开始的，在没有文字和书本的时代，民族传统教育的主要形式包括口传心授、身体活动的模仿。除此之外，每当祭礼庆典举行时，成人则会让部落的孩子们仔细观摩动作，并进行解说；在成人进行竞技、舞蹈或游戏时，孩子们将会自觉或在督促下模仿学习。这些教育方式不仅使民族传统体育得到较好的传承和沿袭，同时也充分体现出了其不可忽略的教育价值。

在我国许多少数民族的体育活动中，有些运动技能也是生产、生活技能。其中，彝族的飞石索、维吾尔族的赛马、怒族的过溜索、苗族的爬花杆、蒙古族的赛跑、藏族的射箭、朝鲜族的顶罐赛跑等都是比较具有代表性的活动项目。这些项目都具有显著的教育价值，尤其需要强调的是武术。武术作为中华各民族都有的传统体育项目，对教育的发展起着重要作用。在很久以前，以军事体育为特色的体育教育模式在学校教育中就已经出现了，这种教育模式对武术技艺的提高起到了积极的推动作用。无论是军事上，还是民众的强身健体方面，武术都有着极高的实用价值，因此受到历代统治者的重视，这就使得武术在古代教育中有着不可替代的重要价值。

　　民族传统体育能取得的教育效益，相较于其他施教内容和施教形式还是比较先进的。民族传统体育的教育价值在不同年龄段的群体身上都有体现。以幼儿为例，刚刚会摇摇晃晃走路的幼儿，就有一种近于生理和心理本能的需要。因此，通过民族传统体育中的各种传统游戏，如"跳房子""抓石子""踢毽子""弹球""丢铁饼""踢罐儿""抽陀螺""斗鸡"等，能够潜移默化地将一些知识传授给他们，随着年龄的不断增长，他们也会逐渐提高对知识的追求程度，这就需要从更多的民族传统体育活动中吸取。

　　民族传统体育游戏是每个人启蒙的文化教育，世界上无论任何民族、任何一个人，都经过了民族传统体育游戏生活走向社会生活的道路。现代的运动项目几乎都是由民族传统体育游戏活动演变发展而形成的。民族传统体育中的游戏可以使儿童性格开朗，对其生长发育有积极的促进作用，能够其使身体各种素质得到发展和提高，锻炼勇敢、机智、顽强等意志品质，启迪智力，培养爱护小伙伴、服从集体指挥、和大家友好相处以及初步分辨善恶、美丑、是非的思想品质，因此民族传统体育中的游戏有着非常重要的作用和意义。在各种游戏中，儿童会扮演各种社会角色，这样能够使他们充分体会各种角色的形象和特点，从而增强他们的生活常识。因此可以说，民族传统体育游戏活动具有儿童自我教育的特殊意义和作用，在他们成长的过程中起着潜移默化的影响。

　　综上所述，学校教育中引入民族传统体育活动，不仅能够使民族传统体育文化得到弘扬，还能够丰富教学内容。民族传统体育是我国各个历史时期的教育不可缺少的组成部分，对振兴民族教育事业、传承中国传统文化起到了重要作用。

# 第二章　民族传统体育的文化与传承

## 第一节　民族传统体育文化的内涵

民族传统体育作为人类的一种文化创造，它包括物质、制度、精神三个层次。因此，必须从物质、制度、精神三个层面对民族传统体育进行具体的分析和介绍，如此我们才能对民族传统体育文化有一个的整体的认知。

### 一、民族传统体育文化的物质层面

物质文化是文化的一种载体形式，它包含着人类对环境的改造与创造。美国的社会学家戴维·波普诺在其《社会学》一书中指出："一个社会普遍存在的物质形态——机器、工具、书籍、衣服等，称为物质文化。""一个特定社会所产生的物质文化，其实质是技术水平可开发资料和人类需求的结合体。"郑杭生的《社会学概论新修》一书把物质文化界定为："物质世界中，一切经过了人的加工，体现了人的思想的东西。"物质文化与非物质文化的差异主要表现为：物质文化因自然规律的作用，在使用过程中不断被损耗；非物质文化却可以被反复使用而不损耗。民族传统体育物质文化是人类以体育为目的或是在体育中的活动方式及其物质形态，可以分为三个部分，各个部分之间的联系是十分紧密的。

第一，为直接顺应和满足体育需要而创造的各种体育器材和场地设施。在整个人类发展的进程中，把自身力量作用于客观物质是最基本的一项活动，这是人类为了满足自身的各种需要而创造的产物。不过，体育需要作为一种以精神为内核的需要，它的出现从逻辑上说是晚于人类的吃饭、穿衣、住宿等其他需要的，但这并不影响人类满足自身全面发展需要的创造欲望。由于体育活动的特点，这类体育物质文化往往比其他物质文化更加具有象征性，往往在科技和信息含量方面高出一筹。随着人类需求的丰富和升华，满足高层次的精神需要的创造动力将愈加强劲，这必将极大地推动体育物质用具和设施的发展。

第二，以改造人的身心为目的的民族传统体育活动方式。运动是人类发展的生生不息的灵魂，各种运动方式是人类改造和完善自身的理想所系。插秧、耕田、锄草、纺织、印染、锻造等各种工业和农业的劳动动作是人类满足基本生活的活动方式。从逻辑上说，以追求身心健康为目的的体育活动方式既不能脱离人类的劳动方式，又是对人类劳动方式的一种补偿。早期原始人为了获得食物而进行的攀爬、跳跃、投掷、奔跑等行为，既是劳动方式，又是体育活动方式。目前，随着人类文明的进步，为提高工作效率与能力做准备的纯粹体育活动方式日益繁荣，体育活动方式已经成为满足各种精神需要的极具生命力的一种活动方式，如拉祜族的射弩、水族的赛马和耍狮子以及傣族的丢包、打陀螺、跳竹竿等，都属于体育活动方式。

第三，为促进民族传统体育发展而创造且形成了物质的各种思想物化品。这是民族传统体育物质文化中的最高层次。人类的文化成果是在人类意识支配下创造的产物，如果从历史和逻辑相统一的角度看，可以把一切人类活动及其产物都看作人类思想的产物。但是，在所有的人类物质成果中，其受思想支配的程度深浅和影响大小是不一致的，因此也是可以区分的。体育物质文化中由人们体育意识和观念直接形成的物质产物也归属于体育物质文化的范畴，它高于直接充当体育活动方式载体的体育设施和用具，如体育法规制度、裁判法、体育歌曲录音、体育比赛录像带等都属于这一类体育物质文化。民族传统体育物质文化从总体上来看是指在体育文化诸现象中实际存在、有形有色、可直接感知的事物。它不仅包括各种体育器材、用品和场地，而且包含具有深刻思想内涵的物质成果。当然，它与体育制度文化和精神文化相比还是具有明显区别的，主要体现在形态的物质性、功能的基础性、表现的易显性三个方面。

体育物质文化具体是指在体育文化诸现象中，实际存在并有形有色、可直接感知的事物。如五光十色、款式新颖、具有民族特色的系列运动服和服饰；富丽堂皇、雄伟宏大的体育建筑；惟妙惟肖、栩栩如生的体育雕塑；工艺精美、造型别致的运动器械；集消遣娱乐与收藏价值于一体的体育邮票和体育奖券；娴熟流畅、准确惊险的运动技术和技巧等。这些都是民族传统体育物质文化的表现形态。显然，民族传统体育物质文化并不只是纯粹的器材和用品，而是指内涵和功能具有物质性的活动，当然包括它的成果，如民族传统体育电影。实质上，体育物质文化是体育精神的投影，其中沉淀了人们的精神、欲望、智慧等，体育物质文化实际上是体育精神的物化。一切由于体育的目的和需要而作用的物质对象及人类生活方式都可以视为体育物质文化。体育物质文化直接反映体育的水平，间接反映社会生产力的发展水平。

## 二、民族传统体育文化的制度层面

民族传统体育文化结构中的制度层面包括体育管理体制和一些具体的政策、制度等，它是人们的行为规范，具有极强的权威性，可以强化和扩展与之相适应的思想观念，对体育文化整体具有规定性。在体育院校通用教材《体育史》中，把体育这种复杂的社会文化现象划分为三个层次：人们的体育行为和运动方式；分配、指导这些行为的观念和行为规范；人们为实现体育行为而形成的一定组织形式，即体育观念形态、体育运动形态和体育组织形态。作为体育文化中层的制度文化，应是体育文化学和体育史学研究的一个重要层面。通过对该层面的研究，一方面有助于分析体育政策、法规在某一时期的运行状况以及利弊所在；另一方面也可以通过对国家、民族制度方面的纵横比较研究，寻找新的、符合时代要求的最佳体育发展平台。

民族传统体育制度文化是人类通过民族传统体育运动改造和完善自身的活动方式及其制度的产物，是调控和规范体育运动中人们的各种社会关系的组织机构和规章制度的总称，可分为以下几个部分：

第一，在民族传统体育活动中人的角色、地位以及各种体育活动的组织形式。人人都有自己的社会角色和地位，也不时地在各类活动中充当临时或固定、长期或短期的各类角色。这不仅是由人的能力差异所决定的，也是由活动的组织形式需要多种不同的角色所决定的。民族传统体育运动中也存在裁判、教练、队长、队员、游击手、投手等角色差异和单败淘汰制、单循环制、交叉淘汰制等赛制，这属于体育制度文化中最基本的内容。几乎没有一生只充当一个角色的人，运动员可能是子女、父母、兄弟姊妹。这些各种各样的角色在一定的组织形式的制约下共同维持活动的开展。与工作、生活中的角色有所不同的是，运动场上的角色具有更大的自由度、随意性，但为人父母者的角色不能随意变更，做老师的角色也不会轻易改变，后两者分别受制于家庭制度和学校的教育制度，而民族传统体育活动中的角色变换却可以具有较大的自由，因为它所依托的制度具有相对的灵活性。

第二，为促进民族传统体育发展而形成的各种组织机构。组织机构是人类社会逐步发展的产物，它对于合理和高效地发挥人类群体的力量起着重要作用（不合理的组织机构显然也会压抑和束缚人的能力的发挥）。人类的个体活动和集体活动都离不开组织机构的作用。体育活动作为一种人类改造自身、促进社会进步的文化产物，各种社会组织和它自身的各种组织机构是不可缺少的。运动竞赛组织、学校体育组织、民众健身娱乐组织、世界体育组织、大洲体育组织、国家体育组织等构成了体育制度文化的重要部分。体育组织机构一方面受制于社会制度和政治制度等宏观条件，另一方面也是体育运动本身发展的需要。1881 年成立的世界上第一个国际单项体育组织——国际体操联合会，不仅是由当时的国际背景所决定的，也是体操运动自身国际化发展的需要；1894 年成立的国际奥委会更是当时的国际社会渴望合作的环境和世界体育不断交流的结果。现在我们国家的民族传统体育机构组织发展方兴未艾，从某种程度上说尚未起到推动民族传统体育文化传承发展应有的作用，这同我国的经济社会发展水平不无关系，但民族传统体育作为我国宝贵的文化资源，其组织化程度理应并且必须受到应有的重视。当然，在人们成立各种发展民族传统体育的组织机构的过程中，应该考虑在符合社会背景的同时更多地关注民族传统体育活动发展组织化的需要和要求，这样才能真正推动民族传统体育运动向着合乎体育文化规律的方向发展。

第三，人们围绕民族传统体育而创造的各种直接影响体育活动的原则、制度。在人类的组织制度文化体系中，组织机构的原则、制度等是至关重要的，它决定着组织的性质、活动方式和发展方向，是制度文化中与精神文化关系最为直接、层次最高的一部分。正如一个企业、学校有自己的制度一样，一个体育社团和体育群体一般也拥有自己的特有制度，如实用体育学说、体育法制、体育管理体制等直接指导体育组织机构行为和活动方式。体育制度文化成果来源于体育活动的实践和体育精神领域的思考，是体育制度文化体系中作用最为突出的组成部分，是统领体育一般规范与体育机构的桥梁。如体育体制包括运动训练管理体制、学校体育体制、体育科研管理体制、体育市场管理体制、篮球联赛管理体制、足球训练及竞赛体制、民间体育社团管理体制等内容，对于调动人的主观作用具有不可替代的作用。体育体制不健全影响体育机构的建立与完善，体育产业制度不完善制约体育经营管理活动的顺利进行。因此，改善体育发展的状况，往往从改革这一层次入手。当前中国内地体育界正在进行的体制转换和机制转轨就属于这类活动。具体来说，体育制度文化是指在体育文化活动中，人类活动本身构成的文化，是一种动态的、较为稳定的文化成果。它既区别于物质文化，又区别于精神文化，主要包括体育社会组织、制度、政治和法律形式、体育伦理道德、群体风尚、风俗习惯、民族语言和民族教育等。始于 2700 年前的古代奥运会，传承了 1169 年后中止，又于 19 世纪后期复兴为现代奥运会，至今已经历了百年的发展历史，而每届盛会规模之宏大、影响之深远、意义之重大、参加人数之多、仪式之隆重、制度之严格是任何一种文化活动都无法比拟的。

## 三、民族传统体育文化的精神层面

精神文化，是文化的核心和灵魂，是不同类型文化的标志。它居于民族传统体育文化的制度层面化结构的内层，是最稳定、最保守的层面。对于中华民族传统体育文化的研究，不仅要重视体育的运动形态，更要注意它的制度与观念形态，因为精神文化是文化中最保守、最不易变化的部分。对民族传统体育精神文化中价值观念、思维方式、审美情趣、民族心理等部分进行分析与研究，才能促使民族传统体育真正地走向现代化。

体育精神文化是体育活动中科学、心理、道德规范、哲学、审美观念、文学艺术等思想意识形态的总称，是指精神因素占主导地位的体育文化。凡是在体育文化中传承的民族风情、社会心理、道德规范、科学、哲学、审美评价和文学艺术等思想意识形态，都属于体育精神文化。例如，东方文明古国艺术宝藏的代表之一——敦煌石窟，其中的艺术珍品和栩栩如生的壁画，充分展现了古人高超的艺术技巧和惊人的艺术感染力。北魏狩猎图中的动物和狩猎人，只寥寥几笔，就将其神态、动作活生生地勾画出来。具有礼仪色彩的中国武术，以多样的招式，召唤着人们习武健身、修身养性，尤其是那些德高望重、以巧胜强，把力量、技巧与智慧、灵敏合为一体的武士及其精神，更令世人称颂、尊敬和效仿。其中体现的体育思想和精神属于体育精神文化范畴。

体育精神文化是人类围绕体育或依托体育改造主观世界的活动方式及其全部产物，又称为体育意识和观念文化。民族传统体育精神文化是人类借助或通过体育改造主观世界的活动方式及其精神产物。可以分为以下三个部分：

第一，民族传统体育体现的精神世界的物质内涵和行为准则。体育精神文化与一般文化有所不同，它的物质文化与精神文化、制度文化之间的联系更紧密，因为它本身大多是一种身体活动行为。民族传统体育服饰、体育谚语、运动训练、体育选材等都属于这一层次的体育精神文化。它属于行为文化的范畴。当我们看一件民族运动器材或服装，对它的颜色、质地、形态等进行鉴赏时，注重的是体育物质文化；当我们注意其展示的民族个性、审美情趣等因素时，注重的是体育精神文化。当我们谈及该项目的运动训练，注意它的身体运动的外在表现时，关注的是体育物质文化；注意它的教学传授方式与规则时，关注的是体育制度文化；注意它的指导思想和民族思想时，关注的是它的精神文化。总之，民族传统体育的物质、制度、精神文化从一个角度和层面是无法区分清楚的。

第二，民族传统体育体现的精神的思想观念及理论体系。人类活动领域的划分与活动方式的形成都受人类思想观念的影响，各种具体的学科往往就是针对人类活动的某一个或大或小、或宏观或微观的领域进行探究的理论产物，这是人类有意识指导和改造自身实践的思想观念的结果。民族传统体育作为一项改造人的身心进而促进身心适当发展的活动，无疑需要在多个方面和层次上做出科学的阐释。民族传统体育学就是在民族传统体育活动的理论需要背景下产生的。民族传统体育学研究的传统体育基本概念、相关理论以及形成的理论体系都属于民族传统体育精神文化的组成部分。

第三，民族传统体育蕴含的艺术文化。人类世界不仅仅只有物质的和精神的单一形式，还有把精神物化的产物。这些文化形式从表面看为实实在在的物质，但它蕴含着人类的情感、意志和灵魂。体育活动的直观、激烈、宏大等特性使它往往成为文艺表现的对象，如体育诗歌、小说、音乐、绘画、雕塑等体育文艺都归属于体育精神文化的范畴。同样必须指明的是，我们在这里所谈论的体育文艺并不是体育物质文化意义上的体育文艺。一幅体育绘画，当我们注视它的线条、构图、着色时，关注的是它的体育物质文化方面，这属于体现民族传统体育精神文化的外在媒介；当我们探究其蕴含的体育思想、情感时，关注的是它的体育精神文化方面。体育精神文化的这个层面属于艺术文化的一部分。

第四，民族传统体育改造人的主观世界的各种想法。文学和艺术直接指向人的主观精神世界，它的产生源于人类精神世界的需求，它的实现方式往往贴近人的悲喜情感、欢愁情绪等精神内容，这些文化被认为是属于意识形态领域的文化。实际上，体育文化改造主观世界的可能性是十分巨大的，因为它较少先验地限制人们的思维和情感，具有广阔和深远的精神展现力。体育道德、体育精神、体育人格、体育理想等心理文化范畴的内容都属于体育精神文化的一部分。

# 第二节　民族传统体育文化的传承

民族传统体育作为民族文化的一个重要组成部分，它的传承现象、传承途径及传承规律，显然包含在民族教育学的研究范围之内，对上述课题的研究，必然也是可以通过民族教育学的理论来解决的。传承是指民族传统体育文化在时间上传衍的连接性，即历史的纵向延续性，它是民族传统体育的一种传递方式。特定的社会关系和社会要求规定了人们对文化遗产选择的自由度，也规定了先哲们对先进思想资料进行诠释的性质。民族传统体育作为一个民族物质与精神的纽带，是在长期的社会历史发展中被每个民族自觉地加以继承的。原始的民族传统体育活动在生产方式演变和各民族互相交流、冲突的过程中，既保留了本民族的活动方式，也借鉴和吸收了其他民族的活动内容，不断地传承、变迁、回馈、融合并发展成为今天的民族传统体育项目，使民族传统体育文化得以保留。这种传承既保存了许多传统的东西，又加入了不少现代的成分。但要从根本上适应民族发展的内在需求，必须遵循民族文化得以发展延续的内在规律。一种民族传统体育一旦形成，就会具有一定的稳定性和延续性，在发展中难免会变异充实，但其核心内涵及主旨会代代延续。这种传承性对维系一个民族的凝聚力和趋同意识具有很大的效应。

# 一、民族传统体育文化传承的必要性

民族传统体育文化具有各民族自己的特色，是我国传统文化的重要组成部分。它博大精深、丰富多彩，对于弘扬民族文化、推进社会和谐建设具有重要的意义。近年来，随着经济的发展、现代化和全球化浪潮的影响，民族传统体育的传播和发展受到一定的冲击，民族传统体育文化的发展现状令人担忧，特别是少数民族传统体育文化。先进的科学技术、多彩的外来文化和巨大的经济利益使得人们无暇顾及本民族文化的发展，传统体育文化资源流失严重，许多传统体育项目正面临消亡的危险，许多传承了上千年的民族传统体育文化正经受着严峻的考验。如何更好地传承民族传统体育文化，维持其可持续发展，是迫切需要解决的问题。

## （一）民族传统体育文化发展和传承的需要

一个国家的传统体育就如一个国家的名片，重要而独特，通过传统体育结合传统文化向国际范围传播，能最终影响国家形象、民族文化、思想和价值观、经济等。我国民族传统体育具有悠久的历史，它从不同的角度和侧面反映了本民族的社会、历史、政治、文化、风俗等。它是民族文化的一个重要组成部分，也是中华民族灿烂文化中的一块瑰宝。在长期的历史发展中，形成了内容丰富、形式多样的民族传统体育项目，许多民族传统体育项目经过再加工和艺术创作，仍活跃于民间的各种赛事、庆祝活动之中，对民族文化的传承和发展起着推动作用。

## （二）保护民族非物质文化遗产的需要

保护非物质文化遗产，意味着对不同地域、不同族群各自文化精神个性的尊重。民族传统文化是最具乡土气息、最具质感的文化形式之一。近年来，民族传统文化的保护工作已经引起了国家的高度重视，我国相继出台了一系列措施对非物质文化遗产进行保护，许多民族传统文化和传统技艺相继被列入了国家非物质文化遗产保护名录。民族传统文化的保护虽然取得了一定的成绩，但仍然面临许多问题。比如，相关的法规规章建设还相对滞后，民族文化保护机制还不完善，许多人对民族传统文化的了解和认识也不够深入。特别是随着时代的变迁和历史的发展，我国传统文化面临着外来文化的不断冲击，民族同化速度逐渐加快，许多传统文化赖以生存的文化生态环境急剧改变，其生存和发展已举步维艰。作为民族传统文化一部分的民族传统体育文化，资源流失情况也很严重，许多传统体育项目正面临消失的危险。而民族传统体育文化反映了一个民族的历史和文化，一旦失传，将无法弥补。所以，进行民族传统体育文化的传承是势在必行的。

# 二、民族传统体育文化传承的方式

民族传统体育文化的传承方式和途径有很多，归纳起来讲，主要分为物质的方式、精神的方式和行为的方式等。其传承的方式可以归纳为以下几个不同的层面：口传心授、生活方式传承、教育传承、节庆民俗传承等。

## （一）口传心授

传统体育属于传统文化中的技艺类，"口传心授、效法模仿"是其主要的传承方式。从字面上来理解，"口传心授、效法模仿"分为两个部分：一为言传，二为身教。两者所表达的意思和涉及的内容也不完全一样，前者授法，后者授技。两者侧重点也不同，前者的重点在于学习者对所学技术动作的理解和感悟，后者则注重模仿传授者的肢体动作。"口传心授、效法模仿"是一种原始的传统体育传承方式，被传承者在长者的教授下逐步学习和掌握传统的体育项目，尤其是那些技巧性和危险性较大的体育项目，经常采取"口传心授、效法模仿"的形式。

### （二）生活方式传承

生活方式是指一个民族的传统体育活动与日常生活相关的内容和方面。按其形式的不同，生活方式可分为物质生活方式与精神生活方式两种。其主要内容是包括民族的各种不同风俗习惯在内的传统体育活动形式，并且具体表现在人们的生产、生活活动以及与此有着密切关系的行为模式当中。那些充分反映一个民族传统体育活动的生活方式是本民族长期以来自然形成的并具有较大稳定性、得到本民族人们共同认可的一种生活文化习性，它通过代代相传的方式被一个民族传承和发展下来，并一直传递下去，蕴含着一个民族较为丰富的文化内涵，同时也负载着许多独特的文化观念。这种生活方式是民族物质文化与精神文化的综合体现，具有较大的稳定性，但也会随着社会的不断发展而发生改变。而传统生活方式的改变反过来又引起了传统体育文化的某些变化。生活方式是民族文化得以传承的重要途径之一，每一种生活习惯背后，事实上都潜藏着作为特定文化表达的一种稳定的心理结构模式。

### （三）教育传承

民族传统体育文化传承的一个重要途径是教育，"教育是人类文化发生、发展的一种生命机制"，同时，"文化传统是一个民族无法拒绝的历史传承"。因此，教育要取得好的效果就必须立足于传统文化。任何一种文化现象都必须借助于教育而产生并凭借教育机制来进行传承与整合，民族传统体育文化也不例外。"教育是传递社会生活经验并培养人的社会活动。"也就是说，传递社会文化是教育最基本的功能，而且是通过培养人的活动来实现的，所以教育是可以通过培养具有民族传统体育文化传承意识和素质的人才来实现民族传统体育文化传承的。原始社会由于没有专门的教育机构和专职教师，教育是自然形成的，其手段主要依靠言传身教、大量进行身体模仿练习和反复进行各种蕴含着体育精神的游戏。这在目前许多民族传统体育项目中均留下了深深的痕迹。现代民族传统教育虽不再以这样的形式为主，但民族传统体育的这一功能性并未减弱。可以说，民族传统体育和民族教育是相辅相成的，民族传统体育不仅从属于民族教育、反映着原始的民族教育，同时还依赖于民族教育进行变更。教育对民族传统体育的传承又分为家庭教育、学校教育和社会教育三个传承途径。

## 1.家庭教育传承

所谓家庭教育传承或家族教育传承，指在有血缘关系的人们中间进行传授和修习。中国社会传统文化的传承与延续与家族的关系在历史的发展进程中有着十分微妙的内在联系，以家族为社会文化传承的载体，以家族的传承作为社会文化延续的纽带。在家庭中，父母是老师，是榜样，他们以各种方式来教育下一代。这些方式不管是正式的、仪式性的，还是非正式的、随意的，抑或是情感式的一种关怀、抚爱。总之，家庭中父母会以各种方式完成自己教育子女的使命，使新生一代能够顺利地实现自己的社会化，成为生活中的强者。家庭教育作为教育传承的一个组成部分，是民族传统体育文化的重要传承机制。究其原因，可从以下几个方面进行探讨：

一是家庭教育是在新生一代整个教育大厦中的第一块基石。孩子在家庭中接受最初的教育和影响，从某种程度上来说，家庭是传统文化传承的前沿阵地，家庭教育也就自然而然地成了传统文化传承的起点。在这一阶段，传统文化能否得到有效传播，将关系着传统文化传承程度的深浅。

二是通过家庭教育传承传统文化是我国每个家庭应当履行的义务。继承、发展祖国的优秀传统文化是我国教育首要、根本的任务。《中华人民共和国教育法》第一章总则第七条明确规定："教育应当继承和弘扬中华民族优秀的历史文化传统，吸收人类文明发展的一切优秀文化成果。"众所周知，文化是通过教育传播到社会群体和个体中去的，家庭教育作为教育的重要载体，不管是站在遵守法律的角度，还是站在孩子全面发展的角度来看，我们都要传承传统文化、弘扬传统文化。

三是家庭教育的历史性。家庭教育历史悠久，几乎可以说自从有了家庭，便有了家庭教育。关于家庭教育的典故如数家珍，如"孟母三迁""岳母刺字"等。传统家庭教育重视德育、启蒙教育，重视环境作用。家长可以借鉴传统家庭教育的经验教训以促进当代家庭教育的有效进行。家庭中的长者是文化传承的主要承担者，他们总是以自己对于本民族文化的理解以及自己的生活经历而积淀形成的人格素质，在有意识和无意识之中，通过言传身教而逐渐地陶冶和培育晚辈们对民族文化的初步认知和对本民族共同心理特征的趋同。

总而言之，家庭是民族传统体育文化赖以生存的土壤，是民族传统体育文化得以传承的坚强支撑，而家庭中的长者则是这一切的组织者和实施者。

## 2.学校教育传承

在现代社会中，民族传统体育文化的传承应首先定位于学校教育，因为学校教育是文化传承与传播的重要渠道。与家庭教育和社会教育相比，学校教育可以让受教者进行系统的理论知识体系的学习，更好地进行有目标、有意识的系统化、科学化的学习。学校教育的目的不单单是培养民族传统体育的参与者，更为重要的目的是培养民族传统体育文化的传承者。民族传统体育文化的传承方式有参与式传承与专业化传承两种：参与式传承是指积极参与并热心支持民族传统体育文化，专业化传承则是指具有系统知识结构并以研究民族传统体育文化为主要职责。民族传统体育文化被学校教育纳入相应的课程学习中，这样一来，不仅能让民族传统体育的文化内涵传承得更加系统与科学，而且还能强化个体的民族情感和对民族文化的热爱，从而以科学、规范的形式将民族传统体育文化传承和发展下去。民族传统体育在学校教育中的传承途径，具体说来可分为校园民族文化建设和民族传统体育课程设置及竞技项目训练两个方面。

一是校园民族文化建设方面。校园文化着重强调的是一种精神环境和文化氛围，它包括校园物质文化、校园制度文化及校园精神文化三个方面的内容，这三种形态具有规范、引导、激励、凝聚等多种功能。主要表现为：①青少年学生在自身道德认知和评价方面还不够明确，因此他们在学校当中的行为和习惯还需要有一种标准、规范来引导。民族传统体育的传承，光靠自发是不行的，尤其21世纪以来，在西方等外来文化的强大冲击下，并不是每个人都能正确地理解民族文化传承与弘扬的重要性、必要性。因此，在青少年发展的初期是需要一些强制性手段来进行规范的。②校园文化能对学生的世界观、人生观、价值观、生活方式以及人格等各个方面发挥导向作用。在浓厚的校园文化氛围中，少数民族学生可以去接受民族传统体育文化的熏陶，改变他们在社会教育中对民族传统体育的一些流于形式的、粗浅的了解。这种教育对民族传统体育传承的影响是长远的、深刻的，而这种权威的教育引导作用只有学校教育才具有。③校园文化犹如一种黏合剂，这种黏合剂的作用在于将校园所有成员的心理和感情黏合于一种共同的文化精神中。校园文化作为一种群体的共同的价值认同，它能够培养学校所有成员团结协作的集体意识。学校教育将民族传统体育纳入校园文化建设，不仅有助于培养主流民族成员与非主流民族成员间相互团结、尊重的情感，同时还能使学校成员通过参与各民族的体育活动增进对别的民族的了解和认同感。我国学校的校园民族文化建设起步较晚，其建设是一个很迫切的问题，必须对此给予充分的重视并采取切实有效的措施，以便更好地发挥其文化传承的作用。

二是民族传统体育课程设置和竞技项目训练方面。这是民族传统体育在学校教育中传承的显性途径。民族传统体育课程设置和竞技项目训练的理论基础是多元文化教育。关于多元文化教育的课程设置问题，著名学者班克斯提出了四种模式：贡献模式、民族添加模式、转换模式和社会行动模式。其中贡献模式把焦点置于各民族英雄、假日等文化因素上。其特点是，用与选择主流英雄近乎相似的标准把民族英雄添加到课程里去。它保持主流课程的基本结构、目标和显著特性不变，民族英雄和节日作为一种贡献。在这种模式中，民族内容包括与民族事件和庆祝有关的特殊日子都在课程中有所体现。这种模式的优点在于：提供了一个快速而且容易的方式在课程中编入民族文化内容；在课程中提供本民族英雄或节日与主流民族英雄或节日相并列的机会。这是教育学者普遍采用的模式，也是民族传统体育在学校教育中可以参考的一种模式。

### 3.社会教育传承

虽然家庭教育传承和学校教育传承的作用确实是重要，但有时这两种形式也无法有效地进行民族传统体育文化的传承。对于大多数民族成员来说，他们对传统文化观念和知识的获得，更多的是依靠蕴藏于风俗习尚之中的社会教育。在节日庆典及劳动闲暇中，通过有意识的教授或是无意识的浸染，将民族传统体育的活动形式、文化精神传承给年轻一代的民族成员，并通过不断地重复将其在他们身上固定下来。体育文化的形成是人类遵循文化发展的结构性规律的结果，它来自生产与生活实践，并被逐渐从生产生活中剥离出来，可以说它本身即具有非常浓厚的生产性与生活性。许多民族普遍认为，生产、生活因素是民族传统体育的灵魂，也正是源于这样的认识，民族传统体育在社会范围的大教育中最能得到传承的动力。接触民族传统体育的途径，频率最高的是节日庆典、婚丧仪式、村寨间的竞赛活动等，这都属于社会教育的范畴，不是有计划、有目的的规范传承，更多的是通过社会范围的大教育，潜移默化地将民族传统体育移植到年轻一代民族成员的行为习惯里。比如，水族端节的"赛马"活动，受场地马匹等条件的限制，从而不具备在学校开展的条件，可是它是端节的高潮所在，如果没有了赛马，那么水族端节也就失去了原本的意义，失去了它的节日灵魂。因此，它就只能靠社会教育来传承，靠每年在端节里举行端坡赛马这种活动来延续和发展，如果端节里没有了赛马活动，那么水族的端节很可能就慢慢销声匿迹了。

## （四）节庆民俗传承

社会民俗是指某个民族的家族、亲族、村落及各种社会职业群体的人生诸仪式，如诞生、成年、婚姻、丧葬以及岁时习俗。可以说，民族传统体育是社会民俗的一个重要组成部分，随其产生而产生，并且也随其发展而完成自身的传承与整合。民族传统体育在社会民俗活动中有以下功能：

首先，活跃和丰富文化生活。节日活动中的民族传统体育内容十分丰富，像划龙船、拔河、摔跤等，这些项目的竞技性都不强，也没有十分系统、严格的比赛或游戏规则，主要在于通过活动达到渲染节日气氛、娱乐群众的效果。由于这些民族传统体育活动的存在，大大地丰富了民族群众的传统文化生活。

其次，继承和发展民族传统文化。民族传统文化被蕴含在许多民族传统体育项目中，如一些纪念该民族的民族英雄以及反映该民族的道德观、价值观的项目。这些项目在发扬了优秀的民族艺术传统的同时，也反映出了该民族的审美倾向。总而言之，民族传统体育作为民族传统文化的一个重要组成部分，它在节日文化中所得到的普及性的横向传播和民族心理文化定式的纵向继承，是对民族文化的一种补充和支持，使其在自身的继承和发展过程中能尽量保持全貌。

最后，增强民族自豪感和民族凝聚力。民族自豪感的核心是民族自尊。少数民族人民的民族自尊心通常表现在对本民族英雄人物的纪念上。众所周知，对本民族英雄人物的纪念仪式与民族传统体育有着不可分割的关系，如土家族的摆手舞、傈僳族的跳嘎等项目。这些民族传统体育项目的举行唤起了一代代少数民族人民对本民族英雄人物的崇敬和缅怀，从而进一步增进了其民族自尊心与自豪感。

民族传统体育存在于节日庆典当中，并不是一种个人行为，而是该民族社会普遍传承的风尚和喜好的汇总。在共同的节日习俗中，人们通过共同的庆祝仪式潜移默化地强化着本民族的共同价值标准，并通过年复一年的节日延续这种价值标准。与这些节日联系在一起的民族传统体育项目也就在不知不觉中被传承着，如苗族的元宵节，也叫灯节，农历正月十五举行，主要传承的民族传统体育项目有秧歌、高跷、竹马、骑毛驴、舞狮、灯会等。节庆具有时代特征，可分为庆贺节庆、纪念节庆等，也可以分为传统节庆和现代节庆。节庆习俗是民族传统体育传承的重要渠道。民间的舞龙又叫"耍龙灯""龙灯舞"，从春节到元宵节，我国城乡广大地区都有舞龙这一习俗。经过千百年的沿袭、发展，舞龙已成为我们今天一种形式活泼、道具华美、带有浓厚民族色彩的传统体育活动项目。再譬如民族青年男女们表达爱意方式的高山族的投背篓球、布依族的丢花包、藏族的抛绣球、哈萨克族的姑娘追，这些民族传统体育项目都是通过节庆习俗传承至今的。

## （五）其他传承途径

### 1.辐射传承

以本民族、本地区人物为主构成辐射状态。这类民族传统体育活动，从生成环境来看都有一个中心点，产生地就像轴心，相关的传说都从这一点引出，环绕这一点，形成辐射传承。

### 2.线性传承

以历史人物活动的踪迹为主构成线性状态。这类民族传统体育活动以历史为线索，以人物活动为中心，具体、生动地展现了某个历史人物的发展脉络，具有连续性的活动特点。

### 3.风物传承

以某一密集的风物为主,构成历代名人风物传说群。它的特点是以某一特定的风物为联结点,把不同时代的历史名人的传说连缀在一起,构成了一代又一代的人物传说层。

### 4.移民迁徙

一旦人类生活的环境遭到自然或人为的破坏,就会出现人类迁徙,人是文化的携带者,这种迁徙必然会促使文化之间进行交流,当然体育文化也是如此。在中国,由于中原和北方民族不断迁徙,增进了各民族之间的体育文化交流,从而形成了中国优秀的民族传统体育文化,使中国体育文化始终能够持续和稳定的发展。而西方国家尤其是美国的体育文化如此丰富多彩,更多也是得益于移民迁徙。来自不同民族的优秀体育文化不断交流是体育文化丰富多彩的根本所在。

### 5.大众传媒

大众传播是文化传媒的一种方式,也是文化交流的一种形式。在现代通信与信息日益发达的时代,大众传媒成为体育文化交流的重要方式。各种体育赛事的现场直播、各种体育新闻的报道使体育文化交流更加频繁,已经达到了瞬息全球皆知的地步。随着人类社会化程度的不断提高,大众传媒的积极介入对娱乐功能的实现起到了推动作用。大众传媒以新闻报道或节目的形式,将人们生活中发生的变化展现出来,从而在无意中产生一种示范效应,达到体育文化交流的目的。

## 三、民族传统体育文化传承中亟须处理好的关系

首先,优秀的民族传统体育文化遗产和现代奥林匹克先进的思想意识还没有有机地融为一体,整个民族传统体育文化的发展出现断层的趋势。体育作为现代社会文化的重要组成部分,越来越受"全球化、奥林匹克化"的影响,呈现标准化、统一化的趋势。从这个趋势来看,西方现代体育的价值观,对各民族的体育文化造成了冲击,民族传统体育将面临重大抉择:要么对国际大趋势不闻不问,故步自封,立足于本民族之中寻求新的发展空间;要么改头换面,放弃自身的特点和优势,从而获得世界的认同。可以说,体

育奥林匹克化的趋势，使民族传统体育的保护陷入困境，尤其是以奥运会为代表的体育全球化的强势介入，一定程度上影响了民族传统体育文化的发展。

其次，物质文化繁荣与民族传统体育文化繁荣并举，提升创新能力。民族文化的繁荣必须伴有传统文化的繁荣，民族传统体育文化需要在当今物质文化发展的前提下，提升创新能力。任何一种文化想要得到有效的传承和发展都离不开创新，民族传统体育文化也不例外。各民族所特有的体育文化要在全球化过程中生存发展，文化创新是其生存的唯一道路，也是其适应全球化时代背景的前提条件。历史上，通过文化整合创新而繁荣发展的体育文化不乏先例，如日本的柔道、韩国的跆拳道，都是具有自己民族特色的体育项目。

最后，培养民族传统体育项目人才，弥补人才的缺口。发展和传承民族传统体育文化离不开人才。人是文化的人、社会的人，一切物质技术的进步都离不开人的社会实践活动，都是一定社会、文化背景下的人创造的，单个的人不能创造文化，更谈不上推动社会的发展。在创造物质财富、推动社会进步的活动中，由于这个活动本身具有连贯不间断的内在要求，而人的物质生命又是有限的，作为个体的人将一代代逝去，所以只有通过精神文化的生产和再生产，不断地把人类已获得的知识、信念、价值等文化信息传递给新的社会成员，形成一种文化传承机制，人类社会才能不间断地向前发展。民族传统体育人才的不足已成为制约民族传统体育发展的瓶颈。在我国许多少数民族地区，一些少数民族青年因当地发展空间有限，他们多选择到大中城市去寻求发展机会，并潜移默化地接受了所在地强势文化的熏染，逐渐淡化了本民族的传统体育文化。

另外，当地政府对少数民族传统体育项目重视程度不够，没有制定相应的少数民族传统体育项目人才培养、奖励、激励机制，因工作不到位，一些少数民族人才迫不得已，最终放弃了本民族的传统体育项目。

## 四、民族传统体育文化活力的多向反应

正如初生婴儿机体内已具有各生理系统的诸如呼吸、循环、消化等多种

机能一样，民族传统体育文化一经形成就具有了以下几种活力：

## （一）吸引力

任何一项民族传统体育文化的萌芽和成长，都是顺应社会现实的政治、经济、科学、文化、教育等事业发展的需要，符合某地区大部分人们的信仰、风尚、道德、观念和生活方式等，也可以说对人们身体健康和思想方面的需要有一定程度的满足，使参与这些民族传统体育文化活动的人们，能够开阔眼界、丰富生活，增进人们友好交往，密切人际关系及优化精神生活，使参与者受到有益的民族性教育。正是这些社会因素才能促进民族传统体育文化萌发和成长，并具有一定的吸引力。如果不具备这些社会因素，就会减弱这种吸引力，甚至使其消失，民族传统体育文化也就难以萌发和成长。

## （二）辏合力

这是指不同地区、不同民族的某些相同或相似的体育民俗事象之间，客观存在着向其中某一民族传统体育民俗靠拢和聚集的现象（美国著名文化人类学家艾伦瑞奇称之为"文化辏合"）。这种现象的发展结果是最终形成了一个为不同地区、不同民族都能认同和欢迎的体育民俗，这就是辏合力。不同的体育民俗有强弱不同的辏合力。辏合力不全等同于凝聚力，它的作用力是双向或多向的，凝聚力一般是一开始就向一个中心聚合，这种单向的聚合到一定程度时会终结。而辏合力虽然也是先后以一个或几个为中心聚合，但是聚合后又向四面八方扩展，这种双向或多向的聚合是反复进行，互相作用力是无休止地运动着的。因此，辏合力更能表明体育民俗内在机制的一种特性和这一特殊文化形态发生与发展的规律。

## （三）抗扰力

这是指民族传统体育文化具有抗拒各种干扰的活力，正如正常人身体具有一定抗病力、免疫力一样。这种抗扰力往往表现得相当顽强和坚韧，甚至可以在超越不利的时空条件或环境后仍能保持，一旦遇到适当的环境，便能"起死回生"。古代奥运会传承了1170年，共293届，曾被入侵希腊的罗马皇帝下令禁止，但奥运会项目一直在希腊和各地民间流传。经过1500多年的风风雨雨，终于在1896年在古代奥运会的发源地上又复活了，至今又传承了100多年，其中奥林匹克的点火仪仗队已成为最典型、最隆重的民族传统体育文化事项，既保持着 1000 多年前的古朴神韵，又闪耀着时代的光华。可见，民族传统体育文化的抗扰力来自人民群众的意志和信念。

## （四）内（外）化力

这是指体育民俗在发展过程中，具有把外部的因素吸收和转化为自身需要的活力。反之，也有把自身内在因素向外转化和影响的活力。比较确切的概念是，内化是指"从外部的实际运用物体的动作转化、改造内部观念动作的过程"。外化是指"从内部的、智力方面的动作向外部、以实用物的方式体现出来的动作的转化"。一般情况下，人的"知、情、意、行"的活动过程，既有内化现象，也有外化现象。一个地区、一个民族或一个国家的体育民俗由简单的、少量的、分散的状态，经过逐渐传承和吸收，创造和积累，会变成丰富多彩、结构层次分明的体育民俗系统。能促使这种发展变化的动因之一，正是它的内化力的作用。如果一个地区（民族或国家）的体育民俗已经发展为有机的动态系统，它就会对相邻的地区（民族或国家）产生种种直接和间接影响，这就是外化现象。

## （五）随季而兴

民族传统体育文化大多是随季而兴、遇节而盛，适应季节的变化而表演不同的内容，有着明显的季节性。每当春季，大地复苏，杨柳吐翠，到处充满了生机，人们结伴而行，踏青春游，这一体育民俗活动广泛流行于北方。清明前后，黄河流域各省区都盛行放风筝。南朝梁武帝被围南京台城，曾用风筝传书，飞空告急，请求救兵。这类风筝的制作与使用，目的都是用于军事。其实，风筝最早的功用是除灾祛病，据《续博物志》记载："引丝而上，令小儿张口仰视，可以泄内热。"黄河流域中下游是风筝的故乡。放风筝由最早用于祛病，再扩大到用于军事，以后又由实用转为游戏娱乐习俗遍及民间。山东潍坊发挥优势，积极开发民俗旅游资源，每年清明时节，举办盛大的风筝会，被誉为风筝故乡。

## （六）因地制宜

除了一部分共同的民族传统体育文化娱乐项目外，不同的区域有着不同的活动方式。这是由于在长期的历史发展进程中，自然环境和社会结构彼此渗透、互为表里，形成众多的民族传统体育文化区域。在黄河流域的广大地区，冬季到处银装素裹，冰雪覆盖，特殊的自然条件孕育了"冰嬉"这一特有的民族传统体育文化。据《清稗类钞》记载："冰鞋，著以作冰上之游戏，北方皆有之。"每逢冬季，人们穿上冰鞋，在冻结的冰上一边滑行，一边表演各种动作，别具一番情趣。游牧与农耕区，有着不同的地理环境、气候条件、文化心理以及生活习俗，因此民俗体育的种类、方法乃至道具也千差万别。

除上述几种活力外，民族传统体育文化还有辐射力和整合力等。各种活力不是孤立单一的，它们之间彼此依存、相互促进，形成了一个协调的有机整体。

## 五、民族传统体育文化在全民健身活动中的作用

第一，丰富多彩，便于选用。民俗体育已有数千年的历史，是中华民族传统体育中宝贵的文化遗产之一。民俗体育项目繁多，运动形式千姿百态。少数民族的聚居地区都流传有多姿多彩的体育活动。有的体育活动适合在山区、半山区开展，有的则适合在坝区、河谷地带进行，有的适合于江河湖海，有的适合于草原或沙漠，有的则不受地理环境限制，何时何地都可随意开展。在纷繁多样的传统体育活动中，每个项目都有浓郁的民族特色。这些项目中，有的偏重趣味性，有的突出对抗性，有的讲究技巧，有的又强调力量。但无论哪个项目都具有强身健体、锻炼意志的显著功效，大都是全民健身活动中灵活多样、便于选用的体育内容，这些是人们从事体育健身活动的基础，不仅便于普及群众性体育活动，对全民健身计划的推进也具有重要意义。

第二，有效促进身心健康。民俗体育是以身体练习为基本手段，并在欢快的身体运动中承受一定的生理负荷量，久而久之，有助于人体的机能形态、体质体能向着健康强壮的方向发展，并能有效调节人的心理活动，从而促进人的身心健康。传统体育项目对人体健康和身体素质的发展具有较强的实用性和针对性。例如，白族的登山和游泳对人的耐力、心肺功能的锻炼效果大；彝族、哈尼族的摔跤对人的力量与意志具有直接的锻炼价值；傣族的跳竹竿可以发展腿部力量和人体协调性；布朗族和佤族的爬杆能增强人的上

肢力量；傈僳族、怒族、独龙族、壮族等民族的射箭、打陀螺可以提高人的臂力和判断的准确性。此外，各民族中流传的民族舞蹈与民族武术，刚柔相济，动静结合，动作自然流畅，是健身性与娱乐性的完美结合，久练而不乏味，从而达到祛病健身、抗老益寿的目的。

第三，民俗体育具有传统性，群众基础深厚。民俗体育源于人们生产和生活的需要，流传于民间，并在此基础上得以保持和发展，都蕴含着各自民族的思想和文化。体育作为社会文化的一部分，往往被隐藏在民族传统思想和文化的外壳内，具有相对稳定性，其他民族难以接受和吸收。即使在一个民族被另一个民族所征服、同化的情况下，前者传统的思想文化在新的民族共同体中也会顽强地有所表现，而不失其民族原有的内涵和风格。即使某个传统体育项目的表现形式被另一个民族所接受，它的思想和文化内涵却难以被全部吸收，传统民族文化总是完全或不完全地保留着。另外，一个地域的地理环境是一个民族长期生息、繁衍的空间条件。过去由于生产力水平低下，人们征服自然的能力有限，加之交通不发达，使得一定地域内的民族生产方式相对稳定，而且这种固定的生产方式又在其地理环境的影响下难以改变。这种一定地理环境下人们所形成的固定的生产方式世代相传、沿袭，表现出明显的传统性。民俗体育作为人们生活中的一个组成部分，和生产方式一样被沿袭，其形式和内容也相对稳定。所谓"北人善骑，南人善舟"，就反映了地理环境对人们生产方式以及体育的影响。这种不同地域内的传统体育项目，其形式是相对稳定的，这种特定的地域环境下所形成的相对稳定的形式世代相传，具有明显的传统性。正是民俗体育这种明显的传统性，使得民族传统体育深深扎根于祖国的大江南北，使得民族传统体育项目深受大众的喜爱，具有深厚的群众基础，这是一些现代体育项目所难以达到的。

第四，减少体育投资，推动全民健身活动的开展。目前我国体育经费严重短缺，体育活动场馆、器材严重不足，远远满足不了广大人民群众进行体育锻炼的需要。许多民族地区，社会经济发展还比较落后，山区多、贫困人口多、民族多、体育投资严重不足，其状况在短时期内难以从根本上改变，这就要求我们在全民健身活动中要从实际出发，因地制宜、因陋就简地开展群众性体育锻炼活动。这样，传统体育就成为我们这样一个民族众多、经济欠发达的国家最经济实用、最易推广开展的群众性体育活动。在民族地区，应广泛开展以民族传统体育项目为主的体育，植根于各民族同胞的生产生活环境。民族传统体育项目具有淳朴自然、贴近生活、简单易行、群众喜闻乐见的特点，对场地器材要求不高，运动技术难度不大，许多项目只需一块平地或一片草坪，村前寨后即可开展，活动器材只需利用身边的生产、生活工具（如船、马匹、刀枪、箭、弩等）和自然资源（竹、木、藤、石等），极有利于在人民中普及开展。在这种经济状况下，民族传统体育的价值就显得更大。普及民族传统体育运动，国家可以投资少、见效快，大众不投资或少投资就可终身受益，既经济又实惠，符合我国现阶段的国情，并能在全国范围内开展。

第五，促进学校体育与传统体育接轨。学校体育是培养学生体育知识、技术、技能的重要场所。目前，民族地区，尤其是边远的贫困山区学校的办学条件十分困难，体育场地匮乏、体育师资不足的状况仍在困扰着民族地区学校体育活动的开展，使民族教育的发展受到影响。因此，应根据各民族生存的自然环境条件，依据人体生长发育和体质健康发展规律的要求，精选出一些民族传统体育活动项目作为民族地区学校的体育教材或乡土教材，在民族地区学校中大力推广使用，这样既可克服体育资金短缺、体育场地匮乏、体育教师不足的困难，又能因地制宜地开展学校体育活动，还可以改变我国学校体育中以现代体育为主、轻视民族传统体育的状况，使传统体育与现代体育在我国的学校体育教育中齐头并进。

第六，可以增加体育人口数量，推进体育社会化。由于民俗体育在内容和形式上富有生活情趣，是群众喜闻乐见和乐于参与的，因而它具有广泛的社会基础和全民性，有较大的选择余地，涵盖多个年龄段。许多运动项目不受年龄、性别、体质条件的限制，群众可以根据自身的年龄、身体状况和爱好，选择适合自己的活动项目进行锻炼。另外，由于一些传统体育活动竞技性、娱乐性较强而成为跨越地域空间的全国性民族传统体育比赛项目；有些传统体育活动简单易行，自娱性、健身性、审美性较强，已逐步走出大山、走出民族村寨，步入城镇职工和城市居民的日常生活中，成为人们休闲娱乐、强身健体的体育活动方式。在云南各大中城市群众性的晨练环境中，我们都可以看到人群中闪动着烟盒舞、跳乐、跳歌、霸王鞭、白族迪斯科、民族迪斯科等活动的身影。民族传统体育项目内容丰富、风格各异、选择余地大，能够吸引更多的人参加民族传统体育运动。这表明，民族传统体育活动以其独具特色的文化特征及价值功能，已逐步被各民族认同和接受，已经超越民族地域和文化的限制，逐步成为民族地区和城镇职工、居民体育活动的内容，对于扩大群众体育锻炼队伍、有效增加体育人口具有重大意义。

综上所述，我们分析了民族传统体育文化的特征、功能以及活力的多向反应，全面地认识了民族传统体育文化的社会性。在以后开展的社会体育活动中，我们应充分利用民族传统体育文化本身具有的娱乐、审美、健身、教育等功能，结合各民族的节令、民俗节日，并充分利用各乡村文化站的宣传作用，积极倡导和开展民族传统体育文化活动，把一些优秀的民族传统体育文化活动项目引入中小学校的体育课堂，作为选用教材，可以使民族传统体育文化发展后继有人。同时民族传统体育文化活动项目的大力推广和普及，也是当今全民健身计划的最好活动内容。因此，发展民俗体育具有极大的社会意义。


# 第三节　民族传统体育文化的变迁因素

## 一、体育文化全球化的冲击

当今世界，随着信息技术和世界经济的发展，各民族文化在相互沟通、互补和交流的同时，正在冲破地域限制和民族模式，走向世界文化整体。一方面是各个民族文化超越自身向世界文化趋近，从而不断获得文化的认同；另一方面是世界文化越来越仰仗各民族文化资源的支持，从而实现民族文化与世界文化、个性文化与共享文化之间的相互作用与转化。在这里必须强调，文化全球化并不等于世界文化的同质化，同样全球化也并不等于世界的一体化。全球化造成世界经济生活更加紧密。同时，全球化也对政治生活产生了类似的影响。在经济和政治领域逐渐实现全球化的同时，文化层面上的民族文化亦将趋于融合为全球化的文化，这是历史发展的一种必然趋势，文化全球化是 21 世纪人类文化发展的总趋势。在世界范围内，不论是东方还是西方，不论是亚洲还是欧洲，对体育文化的重视程度远远超过了其本身的发展。但是在全球化发展的同时，也对民族传统体育文化产生了冲击。一方面，各民族传统体育文化要面临与世界接轨的困境；另一方面，在其接轨转型时要保持民族的体育文化特色。在国际体育文化交流的大背景下，要想使各民族传统体育文化融入全球体育文化的大家庭中，就必须寻求一条与其接轨的轨道。从目前形势来看，体育文化的全球化已经使民族传统体育文化发生了变迁。

### （一）体育文化氛围的影响

不容忽视的是，传统并非静止不动，而是一个动态的历史积淀和凝聚。因此，传统体育文化不是僵化的历史体育文化，而是其本身也一直处于交流与传播、冲突与变迁过程中的体育文化。有研究者认为："在文化学的视野中，全球化的概念较经济全球化要广泛得多。它不是文化的同一化，而是商品、货币、人、图像、技术、知识、思想等客体和主体在全球范围内以前所未有过的广度和速度流动。由于这种流动构成了当今世界这一个多维文化的文化体。"不是一种文化对另一种文化的影响，而是文化之间的相互影响。构建一个多元化的世界文化新体系，是人类文化发展的重要物质保障，也是人类体育文化能够长远发展的重要基础。现代社会的发展，是以知识经济与高科技的快速发展为标志的。科学技术的高速发展，带来的负面影响是全世界范围内的文化失落。这种失落表现在社会生活的各个方面：整体社会氛围的浮躁与不安定，人心的躁动与空虚，影视艺术追求高科技的感观刺激，文学创作的哗众取宠与肤浅。在这样的文化氛围下，传统文化中的精华受到冲击。文化对社会生活的影响是各个方面的，就像中华民族传统体育自近代以来的失落是由于中国传统文化在社会生活中主导地位的失落一样，中国传统文化也在一定程度上致使中国民族传统体育文化发生变迁。传统体育文化是在漫长的历史长河中伴随着时代的进步而不断发展与丰富的，不同的历史时期民族传统体育文化的特点和表现形式也有所不同，带有明显的时代性特征。目前，体育文化出现全球化的趋势，民族传统体育文化必然会受到影响。体育文化全球化是一把双刃剑。近几年来，民族传统体育文化在走向世界的道路上得到了不断的推广、传承与发展，不断获得文化的认同，取得了前所未有的发展；但同时，随着国际体育竞争的愈演愈烈，民族传统体育文化也容易失去自我，失去自身的发展特色，渐渐地在这种环境中被同化。

体育文化全球化是历史的潮流，也是世界的发展趋势，我们只能顺流而行，不能逆流而泳。在体育文化全球化的浪潮中，保持自身民族传统体育文化所独有的民族性是每个民族的历史重任与义务。民族传统体育文化要想在体育文化全球化的大环境中永久的生存与发展是一件比较困难的事情，这种环境使民族传统体育文化发生变迁。

### （二）外来体育文化的影响

人类社会是一个不断运动和变化的过程，人类社会的诸多文化处在不断的运动变化之中。人类的文化历史，就是一部文化冲突史，不仅有内部的冲突，也有外部的冲突，这种现象构成了人类文化的主旋律。文化是人类在长期的社会生活中创造的产物，人类的民族传统文化也是在历史的长河中不断创造与发展的，在不同的民族地区与环境中创造了不同的文化体系和形态，文化全球化的发展有赖于对这种文化的认同。中国的传统文化和西方的传统文化一样，都是人类文化的一部分，他们各自在不同的历史时期、不同的地域以不同的民族展现着不同的辉煌，所有的文化在其本质上都存在着共性。

当今社会，文化全球化是未来发展的大趋势，这已是一个不争的事实。西方体育文化是外来文化的显著代表，它以一种强势的姿态冲击其他民族的传统体育文化。在西方体育文化的传入过程中，中华民族传统体育文化必将受到极大的冲击。这种单向的西方化倾向的体育已经形成了相对强大的优势群体，如西洋体育传入中国时在洋学堂中开展体育活动，从而起到"辐射"和引导作用。在有利于西方体育发展的游戏规则下，中华民族传统体育的发展将受到许多不利于其发展的规则的制约。我国部分民族传统体育项目就是因为西方体育文化的冲击而消亡或逐渐走上消亡的道路的，如侗族滚乱泥、回族堆人山、白族跳伟登等。如果整个中华民族传统体育体系按照西方体育的模式来发展，最终将导致中华民族传统体育丧失其最可贵的民族性。

西方体育的不断传播，冲击了中国各民族旧有的思想观念，同时改变着中华民族传统体育的活动方式。但是，必须清楚地看到，现代体育的形成，也同样来源于丰富多彩的各国民族传统体育文化。否则，现代体育将变成无源之水。没有厚实的民族传统体育的基础，就不会有现代体育的不断创新与发展。因此，为了保住自己在社会生活中的地位，在外来体育文化的强大挤压下，民族传统体育文化不断发生变迁，与外来体育文化进行整合、吸收，以期巩固自己在社会生活中的地位。有些学派认为外来文化的传入是文化变迁的决定性因素，虽然这种学说在一定程度上有些极端，但是不可否认的是，外来民族传统体育文化的传入会导致民族自身传统体育文化的变迁，导致民族传统体育文化内部的变革。这种外来民族传统体育文化的碰撞与影响，是民族传统体育文化变迁的一个重要的外在因素，尤其现在处在体育文化全球化的发展潮流之中，体育文化在这种背景下不断传播与流动，对民族传统体育文化造成了极大的影响，从而逐渐地使它产生变迁。

## 二、时代变迁的影响

毋庸置疑，今天的民族传统体育文化随着时代的变迁也相应地发生了变迁。随着时代的进步、社会的发展，人类已经进入了"地球村"时代，现代意义上的民族传统体育文化的发展也受到了极大的限制。十一届三中全会后，我国由计划经济向市场经济转型，这一社会转型的重要时期，又给民族传统体育文化的发展提出了一个亟待解决的问题。在这一时代变迁中，如何保留与发展民族传统体育文化需要认真地考虑，不论是社会的转型还是信息时代的到来，民族传统体育文化在此形势下所发生的变迁应该遵循社会发展的基本规律，根据时代的要求，对民族传统体育文化做出合理的变迁。

### （一）生存环境的改变

自然环境不仅仅是人类繁衍生息的空间条件，同时还是人类赖以生存和发展的物质基础。受不同的自然生态环境的影响，人们会产生不同的生产方式与生活习俗。中华民族传统体育产生于自然经济时代，由于农业经济形态居主体，其地域性明显，民族性传统文化色彩浓郁。随着人类社会的发展，民族传统体育生存的土壤必然也随着社会进化而发生质的变化。最初，人们的生存依赖于动植物，身体活动完全处于充满自然物质的世界。21世纪的今天，生产方式已发生巨大改变，尤其是在工业革命和新的技术革命兴起后，人类已经逐步离开优胜劣汰的自然选择，为自己创造了一个新的越来越舒适的生存环境。然而，由于人类长期生活在人工制造的物质环境中，人类虽然已不再需要被动地去适应自然条件，然而人类也付出了巨大代价——人类体质的弱化。由于生存环境的异化，人类不得不利用体育手段来解决自身的生物性退化问题，体育的作用变得不可取代。民族传统体育在此背景下也由满足物质生活的需要逐步演变为满足人们健身、娱乐、教育、竞技、政治和经济等方面的需要，以此来适应不断发展的生存环境。而民族传统体育功能的嬗变，势必引起人们对民族传统体育在文化层面上的认同的变迁、异化与筛选，这就使得民族传统体育必然面临时代的选择，发生内部变革与外部相适应的变化，从而实现自身的蜕变。

### （二）社会转型的影响

文化具有鲜明的时代性特点，在不同的时代有着自己不同的文化特色，尤其是民族文化，根据时代的变化而不断发展变化。由于不同的地区，不同的民族，不同的国度，其文化的发展也在一定程度上存在着不平衡性。根据马克思主义哲学中的发展观原理，一切事物都处在不断的运动发展变化之中；新事物的产生必然导致旧事物的灭亡。因此，在旧文化中孕育出的新文化，必然具有鲜明的时代特征。在经历了近一个世纪因西方体育传入而产生的巨大震荡之后，特别是改革开放以来，随着国家的地位、民族威望在国际社会中迅速提升，中华民族传统体育走上了全面振兴的道路。我国目前处在社会转型的重要时期，我国民族传统体育文化所依赖的生存环境也发生了较大的变化。在社会转型的重要时期，各种新观念、新思想不断涌现。

自20世纪80年代以来，我国进入经济转轨和社会转轨的双重变革时期，社会领域的多样化发展日益显著，过去传统的社会观念和一些价值取向开始丧失其符合现实的合理性，新的价值观念逐渐增强。变革与转型虽然孕育着生机和强大的创造力，但也造成了社会中多种事物的变迁。这种社会转型时期的多样性和复杂性，是社会进步和改革开放的必然，也是民族传统体育文化变迁的前提。外来新兴的体育文化的传入以及我国社会的转型，使我国一些具有丰富鲜明的文化底蕴的民族传统体育项目（诸如苗族的穿花衣裙赛跑、打花棍；土家族的撒尔嗬、板凳龙、舞草把龙等）已随着时代的进步、社会的转型而失去其原有的民族特色，逐渐被人们所淡化、遗忘，但是仍然有部分民族传统体育项目诸如武术、摔跤、放风筝、秋千、赛龙舟等不仅没有因为社会的发展进步与转型而消亡，反而在原有的基础上以自己独特的强大的生命力引起了世界人民的关注。

毋庸置疑，在转型的重要时期，由于国际体育竞争的激烈，民族传统体育文化处于一种比较尴尬的地位。一方面，国家采用各种方法与手段对民族传统体育文化进行保护与开发，使其保持原有的民族文化特色；但是另一方面，随着时代的进步，社会也迎来了转型，民族传统体育文化在时代的变迁中也必须应对这种紧张的局面，在吸收外来体育文化的基础上，不断地发展壮大自己，随着时代进步而逐渐适应文化的变迁。

## （三）大众传媒的冲击

英国人贝尔纳认为，工艺发展因素决定了文化变迁，该理论认为科学发明、技术进步和工艺发展影响了文化的变迁与发展。早期的民族传统体育文化由于社会生产力水平低下以及自然环境条件的隔绝，使其长期处于封闭的状态而独立存在。在现代科学技术和社会经济高速发展的今天，交通的改善、信息网络技术的发展，使得全球成为一个紧密联系的、互动的整体，经济的全球化加快了信息的传播。各民族传统体育文化在信息技术的帮助下逐渐走向世界，同时形形色色的外来文化也走进来，冲击着人们的生活，也促使民族传统体育文化发生变迁。

世界潮流的大发展趋势以及时代的要求与变迁，使民族传统体育所赖以生存的社会环境发生了变化。民族传统体育长期以来形成的固有的文化及传承方式，已经不适应时代的要求，必须与外来文化相互适应、相互融合，不断吸纳、兼容先进的文化。社会环境的变化，也改变着人们长期以来形成的相对固定的生活方式，都市文化在民族地区的泛滥现象十分严重，撼动了民族传统体育赖以生存的坚实的文化基石。不可忽视的是，民族传统体育文化在博采众长、吐故纳新的同时必须保留民族传统体育文化自身的精髓。

# 第三章　非物质文化遗产保护与民族传统体育文化传承

民族传统体育文化的传承应该包括两部分，即物质的传承和非物质的传承。而民族传统体育是非物质文化的一种表现形式，所以其文化传承是一种非物质的传承。在传统文化中有不少属于体育范畴的非物质文化遗产已濒临灭绝，也有不少传统的体育内容正被人们遗忘于历史的角落，如传统的开弓、顶幡、石担、武术、捶丸、石锁、蹴鞠、角抵、毯子功、敦煌花架拳等已经或正在消失。虽然非物质文化遗产保护已成为愈来愈多人的共识，但是在体育界还存在着非物质文化遗产保护的诸多问题。

## 第一节　非物质文化遗产及其保护

### 一、非物质文化遗产的概念

文化遗产是人们所承袭的前人创造的文化或文化的产物，包括有形的物质文化遗产和无形的非物质文化遗产。物质文化遗产是指世代流传的、具有典型意义的独特或重要的历史文化、科教审美等价值的物质实体，包括民居、建造、碑刻、设施、工具、器械、器皿、服饰等物质实体；而非物质文化遗产是指各种以非物质形态存在的与群众生活密切相关、世代相承的传统文化表现形式，包括口头传统、传统表演艺术、民俗活动和礼仪与节庆、有关自然界和宇宙的民间传统知识和实践、传统手工艺技能等以及与上述传统文化表现形式相关的文化空间。

1972 年 10 月 17 日至 11 月 21 日，联合国教科文组织大会在巴黎召开第 17 次会议,会上通过了一个历史性文件《保护世界文化和自然遗产公约》（简称《世界遗产公约》），对世界遗产做了界定、分类，制定了在世界范围内的保护措施。《世界遗产公约》中的世界遗产实质上专指物质性遗产，并不包括非物质文化遗产。在这次会议上，一部分会员国提出应在联合国教科文组织内制定与非物质文化遗产有关的国际标准文件的建议。但这个建议直到十年后才真正被联合国教科文组织所认可并逐步付诸实施。

1982 年，联合国教科文组织下属世界遗产委员会在墨西哥会议文件中首次运用了"非物质文化遗产"概念，但用"民间文化"来表述。1985 年保护民间文学政府专家第二次委员会文件涉及非物质文化遗产时仍然沿用这种表述。到了 1989 年 11 月，联合国教科文组织在巴黎召开的第 25 届大会上通过《关于保护传统文化与民间创作的建议》（*Recommendation on the Safeguarding of Traditional Culture and Folklore*），则用"传统文化与民间创作"来表述"非物质文化遗产"。定义是："民间创作（或传统的民间文化）是指来自某一文化社区的全部创作，这些创作以传统为依据、由某一群体或一些个体所表达并被认为是符合社区期望的作为其文化和社会特性的表达形式；其准则和价值通过模仿或其他方式口头相传。它的形式包括语言、文学、音乐、舞蹈、游戏、神话、礼仪、习惯、手工艺、建筑及其他艺术。"

1998 年，联合国教科文组织第 155 次会议通过了《宣布人类口头和非物质遗产代表作条例》，在此条例中使用了"口头和非物质遗产（Oral and Intangible Heritage）"（直译应为"口头与无形遗产"）一词。其定义是："来自某一文化社区的全部创作，这些创作以传统为依据、由某一群体或一些个体所表达并被认为是符合社区期望的作为其文化和社会特性的表达形式；其准则和价值通过模仿或其他方式口头相传，它的形式包括语言、文学、音乐、舞蹈、游戏、神话、礼仪、习惯、手工艺、建筑及其他艺术。"随后，"口头和非物质遗产"这一概念逐渐被成员国广泛接纳，但这一概念并不能周延。

2003 年，联合国教科文组织颁布《保护非物质文化遗产公约》，该公约正式使用了"the Intangible Cultural Heritage"这一概念，直译为"无形文化遗产"，着重指一种没有固定的空间形式，通过口传身授来传承的活态文化。

根据《保护非物质文化遗产公约》规定，"the Intangible Cultural Heritage"是指"各群体、团体，有时是个人视为其文化遗产的各种实践、表演、表现形式、知识和技能，及有关工具、实物、工艺品和文化场所"。我国官方译本将其称为"非物质文化遗产"。

2005 年 3 月 26 日国务院办公厅国办发〔2005〕18 号文件《国家级非物质文化遗产代表作申报评定暂行办法》中明确规定了我国非物质文化遗产的定义、种类和范围。

## 二、非物质文化遗产的基本特征

### （一）历史性

非物质文化遗产的表述、实践和展演不仅将过去的传统、现在的日常生活和未来的传承连接在一起，见证了社会的发展，而且也在创新传统文化，创造着鲜活的文化财富。由于当下的自然环境和过去祖辈的生态背景不同，因此在展演时，表演者并不是在按照前人的动作和技巧去完全照搬，而是同时表演着流淌在他们血液中的传统智慧、前人传承下来的表演技艺和表演者对此非物质文化遗产的自我理解和创新。非物质文化遗产根植于历史之中，通过传承的技艺和展演者的诠释在当今社会中保持鲜活。因为非物质文化遗产的存在依赖于人的口耳相传，因此这些传统与遗产本身相关，与创造者相关，也与继承者相关。在展演中，我们能看到创造非物质文化遗产的历史条件和永不停息的发展状态。

### （二）无形性

无形性是非物质文化遗产的特殊特征，它指的是非物质文化遗产不占有任何具体的物理空间，只能为人们的感觉所感知，是看不见、摸不着的。例如，2008 年我国开始将"端午节"定为国家法定节日。这一国家级的非物质文化遗产，只是以一种节庆形式存在于人们的心中，虽然没有任何有形物质作为载体，但却是人们文化生活的重要组成部分。将非物质文化遗产的无形性特征作为一种有效的保护方式，才使其内容的丰富和文化的传承有了可能。

### （三）活态性

活态性是非物质文化遗产的核心特征。非物质文化遗产依附于特定的国家、民族、族群、地区或者个人而存在和发展，是人类在历史演进过程中创造的文化成果。只有最大限度地保护其赖以生存的文化环境，才能保护其赖以传承的文化生态土壤，使非物质文化遗产得到更好的传承和延续。

### （四）传承性

文化遗产代代流传，但与有形的文化遗产不同，非物质文化遗产必须通过实践才能传承。在长期的生活、劳动或创造的过程中，非物质文化遗产经过一代代人的积累和改进，以师徒或团体的形式传承下来，逐渐形成今天的技能或习俗。它是社区群体智慧的象征，是传统文化的结晶。因此说，非物质文化遗产大多没有具体的创造者，即使有，也是后人对前辈已有技艺或习俗的加工和创新。非物质文化遗产通过语言和手势的模仿和重复练习，通过生活或仪式中一代代的言传身授进行传承。传承人并不是在学校中学到这些技艺，他们更多地通过在家庭或社区中观察和模仿父辈而继承到这些知识和技能。他们不断吸收这些知识，将自己变为艺术的实践者，随后再传给下一代。

### （五）实践性

实践性是指非物质文化遗产是人们在生产、生活实践中创造出来的，是一种表达人们喜庆、欢乐、悲哀、痛苦等情感的形式，凝结着各个群体或者团体的文化旨趣。要建立非物质文化遗产保护模式，构建非物质文化遗产保护制度，就必须以实践为基础，与人们的生产和生活实践相联系。

### （六）开放性

开放性是指非物质文化遗产的传承和延续是随着历史的发展和时代的变迁而不断丰富发展的。以我们最熟悉的"春节"为例，在这一传统节日里，按照传统习俗，人们通常要进行各种活动，如除灰尘、放鞭炮、贴春联、吃饺子、踩高跷、舞龙灯、走亲戚、串朋友等。但是，随着社会的进步、时代的发展，非物质文化遗产的内容也跟着发生了变化。受环境污染的影响，现在在春节期间放鞭炮是受到限制或禁止的，参与舞龙灯、踩高跷等活动的人也越来越少了；反之，增加了一些新的内容，如收看央视春节联欢晚会、集体团拜、看灯会等。

# 三、非物质文化遗产保护的内涵

## （一）非物质文化遗产保护的双重内涵

非物质文化遗产是一种文化现象，而我们要研究的是非物质文化遗产的保护，保护涉及的是对这种文化现象存续的研究。非物质文化遗产具有上述的种种特征，这些特征决定了其"保护"概念的两种语境，或曰两种语义解释，最终决定了其保护的独特性。深刻剖析非物质文化遗产"保护"的内涵，它应该具有双重含义。第一层含义主要是从民族文化传承的视角去理解，即保护一种文化遗产的存续，提高其生命力，乃至振兴这种文化，从而保护世界文化的多样性。这是非遗保护的根本目标和核心价值，这是一种民族学、民俗学、历史学和艺术等方面的语境内涵。第二层含义主要是从法律视角理解，即通过法律手段将非遗保护的措施制度化，通过法律权利义务的设定和实施去保证保护工作的顺利进行，对侵犯非物质文化遗产的行为进行制止，保证相关利益主体正当权益的实现。这是法学方面的语境内涵。应该说，法律保护是非遗"保护"的应有之义，是实现第一层含义上"保护"目标的必要手段。因此，非遗"保护"从民族学和法学的不同角度看具有双重含义，两者之间具有目的和手段的紧密关系。

## （二）非物质文化遗产保护目标的独特性

由 2001 年联合国教科文组织通过的《世界文化多样性宣言》可以得知，非物质文化遗产保护的目的是为了维护文化多样性的存在。国务院办公厅在《关于加强我国非物质文化遗产保护工作的意见》中指出，非物质文化遗产保护的基本方针是"保护为主，抢救第一，合理利用，传承发展"。武汉体育学院的陈永辉对这一基本方针进行了详细的论述：所谓的"保护为主"是指对非物质文化遗产进行全面的、必要的确认、立档、保存；"抢救第一"是指对濒危的非物质文化遗产着重进行挖掘、整理、抢救；"合理利用"是指要把一切积极的文化因子运用到文化建设中来，以服务中国特色社会主义建设；"传承发展"是指要采取积极措施，让一些优秀的文化遗产能得到创新和延续。总结起来，非物质文化遗产保护的基本方针可以理解为"在全面保护的基础上，突出重点，同时要进行创新与合理利用"。正如联合国教科文组织通过的《保护非物质文化遗产公约》中所指出的那样："各个群体和团体随着其所处环境、与自然界的相互关系和历史条件的变化不断使这种代代相传的非物质文化遗产得到创新，同时使他们自己具有一种认同感和历史感，从而促进了文化多样性和人类的创造力。"

# 四、非物质文化遗产保护的意义——文化多样性及其价值

非物质文化遗产是人类文化多样性的最重要体现和现实存在，而文化多样性保护的意义，则可以体现在文化、政治、经济、人类社会发展等方面。在这个问题上，同样是联合国教科文组织颁布的《世界文化多样性宣言》（以下简称《宣言》）做出了极为全面和典型的阐述。在《宣言》的序言部分，联合国教科文组织就人类文化多样性保护的国际条约渊源进行了提示，指出保护人类文化多样性是贯彻《世界人权宣言》以及 1966 年关于公民权利和政治权利及关于经济、社会与文化权利的两项国际公约的重要体现；认为保护人类文化多样性是那些法律文件中宣布的保护人权和基本自由的体现，并在序言中就文化和文化多样性与社会经济发展、和平和安全、生活方式、共处方式、价值观、传统和信仰、文化交流与合作、增强人类凝聚力等方面的紧密联系予以概括性阐释。在此基础上，联合国教科文组织在《宣言》的内容中就此进行了详细的阐述。总结《宣言》的内容，其主要就人类文化多样性与政治、经济和文化三方面的关系进行了规定，而这正是非物质文化遗产保护的意义所在。现总结如下：

## （一）人类文化多样性与政治

任何人不得以文化多样性为由，损害受国际法保护的人权或限制其范围。在涉及文化多样性保护的人权内容中，文化权利是重要组成部分，而言论自由是文化权利保护中的重要内容，这样就把文化多样性保护与政治上的言论自由紧密联系起来了。

## （二）人类文化多样性与经济

联合国教科文组织在《宣言》中也就文化多样性保护与经济的关系做了阐述。在论述文化多样性与发展的因素时，联合国教科文组织指出："文化多样性增加了每个人的选择机会；它是发展的源泉之一，它是促进经济增长的因素。"关于文化物品和文化服务不同于一般的商品，联合国教科文组织认为："面对目前为创作和革新开辟了广阔前景的经济和技术的发展变化，应当特别注意创作意愿的多样性，公正地考虑作者和艺术家的权利，以及文化物品和文化服务的特殊性，因为它们体现的是特性、价值观和观念，不应被视为一般的商品或消费品。""文化政策应当在确保思想和作品自由交流的情况下，利用那些有能力在地方和世界一级发挥其作用的文化产业，创造有利于生产和传播文化物品和文化服务的条件。""面对目前世界上文化物品的流通和交换所存在的失衡现象，必须加强国际合作和国际团结，使所有国家，尤其是发展中国家和转型期国家能够开办一些有活力、在本国和国际上都具有竞争力的文化产业。"《实施教科文组织世界文化多样性宣言的行动计划要点》要求："帮助发展中国家和转型期国家建立或加强文化产业，并为此合作建立必要的基础结构和培养必要的人才，促进建立有活力的当地市场，并为这些国家的文化产品进入世界市场和国际发行网提供方便。"上述这些论断都将文化多样性保护与经济增长、文化产业相联系，说明了文化多样性保护与在其基础上形成的具有特殊文化内涵的文化产业对经济发展的贡献，因此文化多样性保护，亦即非物质文化遗产保护与经济发展问题是有密切关系的。

## （三）人类文化多样性与文化

文化多样性保护与文化发展更是直接相关的，对此，联合国教科文组织的论述也较为精辟，其首先指出：文化在不同的时代和不同的地方具有各种不同的表现形式。这种多样性的具体表现是构成人类的各群体和各社会的特性所具有的独特性和多样化。文化多样性是交流、革新和创作的源泉，对人类来讲就像生物多样性对维持生物平衡那样必不可少。从这个意义上讲，文化多样性是人类的共同遗产，应当从当代人和子孙后代的利益考虑予以承认和肯定。在此基础上，联合国教科文组织从多个方面论述了文化多样性对人类精神生活和文化创作、文化发展的意义，如认为它有利于文化交流和能够充实公众生活的创作能力的发挥；文化多样性增加了每个人的选择机会，是享有令人满意的智力、情感、道德精神生活的手段。在文化多样性与创作的关系上，联合国教科文组织还特别指出：文化遗产是创作的源泉，每项创作都来源于有关的文化传统，但也在同其他文化传统的交流中得到充分的发展。因此，各种形式的文化遗产都应当作为人类的经历和期望的见证得到保护、开发利用和代代相传，以支持各种创作和建立各种文化之间的真正对话。

从上述联合国教科文组织关于人类文化多样性与政治、经济和文化的关系的论述，我们可以深刻体会到其存在的价值和意义，而非物质文化遗产是人类文化多样性的最典型体现和存在形式，因此非物质文化遗产的保护通过文化多样性价值的展示得到了同等意义上的彰显。在当今人类社会多元化的发展趋势下，无论是在政治、经济还是在文化发展方面，非物质文化遗产的保护都具有不可替代的多重意义。

# 第二节　民族传统体育文化遗产及其保护

我国民族传统体育是以增进健康、提高身体机能为目的的人类社会活动，是我国各族人民在长期的生产和生活实践中积累起来的传统体育文化，是中国传统文化的一个重要组成部分，是祖国重要的、宝贵的非物质文化遗产。

## 一、民族传统体育文化遗产的特征

民族传统体育文化遗产是一种活态人文遗产，具有活态性、民俗性、地域性、群体性等特征。一旦一定的环境改变、传承人去世或传统体育文化被异化，某一项非物质文化就将消亡。如少林拳，如果没有能够表演的运动员，人们今天就只能从文献资料上加以解读；少林武术如果没有传承人，其也就不复存在了。

## （一）民俗性

以血缘关系为纽带的宗法制度是中国古代社会政治结构的主要特征。这种宗法制度是由农耕经济的特性所决定的，由原始社会氏族制下的血缘关系和祖先崇拜发展起来。两千多年的中国封建社会，在经济方面，一直奉行"重农抑商""以农立国"；在政治上，遵循以家族关系的血缘伦理与皇权至上的政治伦理高度统一的封建伦常关系。因此，许多民族传统体育活动多为按农业节气周期性祭祀祖先和祈福的民俗化仪礼，如春节的舞龙舞狮、端午的划龙舟、重阳的登高等。人类早期的体育活动不仅仅带有原始的、神秘的色彩，而且同婚姻、劳动等活动有着非常密切的联系。在我国一些少数民族地区，如音乐、舞蹈、体育竞技、游戏等活动多是附属于其他民俗事项之中的。这主要表现为三个方面：第一，节日和祭仪作为载体为传统体育活动提供了固定的时间和场所；第二，道场的布置和示范者的表演为传统体育活动以后的组织化、规范化提供基础；第三，受节日和祭仪有较固定的时间、地点和程序的影响，传统体育萌芽由原本自发的、不定期的形态上升为时间地点相对固定的集体性活动，从而也使大众易于接受和传播，最后形成一种民俗活动。比如，壮族的三月三抛绣球活动，侗族的花炮节，瑶族达努节的跳铜鼓舞，蒙古族的"那达慕"大会，鄂温克族传统的"来阔勒节"中的套马活动，等等。

民族传统体育凭借其鲜明的民族特点和浓郁的乡土气息逐渐成为这些节日民俗活动中的一项重要内容并表现着不同的民族文化色彩。因此，从某种程度上来说，保护民族传统体育，就是拯救民俗文化。

## （二）地域性

自春秋战国开始，中国逐渐形成了以小农经营为主体的单一农业经济结构，有节律的农业生产周期为农民提供了大量从事家庭副业和手工业的时间，其结果是形成了千万个以此经济结构为基础的自给自足的经济单位。在此经济基础上形成的民族传统体育文化具有较强的地域性。

## （三）群体性

与人类实践活动一样，民族传统体育非物质文化遗产是一种体现公共观念的集体行为。其创作往往是多个人共同完成的，是一种集体创作。民族传统体育文化遗产的群体性强调的是一种集体意识上的文化认同。任何一个民族都对自己的族群有一个特别的认同感，这首先表现为自身与族群之间所具有的血缘上的联系，其次表现为自己与族群之间所具有的文化上的依附性。文化认同是一种观念思想的认同，在血缘上和所有文化习得上都深深打上了族群文化的烙印。作为人类族群之间内在生活中积累起来的共同的娱乐方式——民族传统体育有对自身族群存在的认同功能，而且这种认同功能表达得非常直观和富有建设意义。这种认同在民族传统体育中表现为一种身体行为并以此区别于其他民族。民族传统体育文化的认同是一种生存方式的认同，共同的节日习俗、共同的娱乐方式形成了共同的生活空间及生活方式，他们的生命纽带是完全联结在一起的。对文化遗产创造者、享用者和传承者而言，个人、个性化的创造也只有加入集体传承和集体形态中，才能成为非物质文化遗产的有机组成部分。民族传统体育活动是形成民族凝聚力的重要推动力。

## 二、近现代民族传统体育文化遗产的保护

近代，随着西方体育的传入，民族传统体育作为抵御外来文化的武器之一，受到社会各界的关注。20 世纪 30 年代，我国正处于外强侵略的民族危急关头，以武术为代表的中华民族传统体育得到了倡导。1932 年 10 月，教育部颁布了《国民体育实施方案》（以下简称《方案》），此《方案》规定：敢集民间旧有之体育活动，改良之，推广之。同年 11 月，训令各省（市）教育厅（局）调查乡村体育活动教材。训令说："我国各地方乡村民众之团体活动，如北方之双石头会、南方之划龙船等，个人活动，如踢毽子、耍石锁等，乡土游戏，如捉迷藏、指星玩月等，均有体育价值，惜未能应用科学方法、教育原理加以改良，致为学者所忽视。"这一期间，不仅有关民间游戏的调查及论著比以往明显增多，同时采用经过整理、改编的民间游戏作为中小学体育教材的情况也有所增加，如金兆钧《中国游戏》、王怀琪的《正反游戏法》等。除此之外，还有不少学者对民间跳房、踢毽、滑冰、跳绳、空竹、石锁、打花棍等传统游戏活动进行了整理和改编。但由于历史的种种原因，这些工作主要还是停留在收集整理和对项目进行改编上，并没有实质

性的进展，并且大多由个人零碎地进行，没有具体的组织，没有形成大规模的普及，还没有从总体上就民间传统体育活动进行系统的、科学的考察。

中华人民共和国成立以后，党和政府开始重视民族传统体育，党的十一届三中全会后，对武术遗产的挖掘整理工作被重新提到了重要位置。1984年6月在河北承德举行的全国武术挖掘整理汇报会上，进行了成果展览。据统计，这次挖掘整理工作查明全国除台湾省外，源流有序、拳理明晰、风格独特、自成体系的拳种达129个，并使许多濒于湮没、鲜为人知的拳种得以抢救。全国各省（市、区）共编写相关文字记录达651万字，录制了394.5小时的录像带，征集文献资料482本、古兵器392件、珍贵实物29种。这次挖掘整理工作不仅调动了老拳师们的积极性，同时也培养了一批研究骨干。这期间，各级体委和民委不仅纷纷设立相关机构开展民族传统体育的挖掘整理工作，同时还组织专门队伍对民族民间体育进行广泛调查，主要表现为：第一，"民族传统体育"在各地体育史志中被列出。第二，"武术研究院"等机构和社团成功建立，并兴办各种杂志期刊，主要针对民族传统体育的学术问题开展研讨、交流。第三，在各省（市、区）体育志基础上，汇编了《中华民族传统体育志》，收录了多达977项民族传统体育项目。第四，不少出版社也积极加入针对民族传统体育的整理工作中来，如人民体育出版社就组织编写了大型武术丛书——《中华武术文库》。除此之外，一些成果又形成了新的武术论著，在武术发展史上留下了辉煌的一笔。

2004年中国政府加入联合国教科文组织《保护非物质文化遗产公约》，标志着中国将保护自身的非物质文化遗产工作全面纳入正轨。2006年国务院公布我国第一批国家级"非物质文化遗产名录"，将吴桥杂技、聊城杂技、北京天桥中幡、维吾尔族达瓦孜、宁德霍童线狮、少林功夫、武当武术、回族重刀武术、沧州回族武术、杨式太极拳、陈式太极拳、邢台梅花拳、沙河藤牌阵、朝鲜族跳板和秋千、达斡尔族民族传统曲棍球竞技、蒙古族搏克、蹴鞠等民族传统体育项目收录其中。

回顾民族传统体育文化遗产保护工作所走过的路程，可以看到，尽管改革开放以来，民族传统体育的挖掘整理工作得到了前所未有的重视，但由于缺少组织和支持，没有一个系统的持续的计划，研究水平的参差不齐以及挖掘保护工作方法、手段的单一，致使整个内容平淡琐碎，缺乏文化内涵，并且断裂现象十分严重。虽然在挖掘保护中投入了大量的人力、物力、财力，但没有将非物质文化遗产的持续传承作为根本的动力，这在一定程度上可以说是失败的。由于很多少数民族传统体育项目产生于农业经济及相对封闭的环境中，当经济和生活方式发生转变与转型时，在文化遗存相对丰富的少数民族聚居地区，宗法制度遭到解体，生活环境也发生了变迁，民族传统体育失去了其赖以生存的土壤，无法适应现代社会的发展，很多体育项目都消失了。

## 三、民族传统体育文化遗产保护的基本范围

现实生活中，一些民族传统体育正进入危境，有些甚至已经消失，根本原因在于其赖以生存的"文化空间"发生了巨大改变。文化空间是影响、制约文化产生、发展的自然地理条件、经济类型、社会结构、社会价值、伦理道德、民族心理等各种因素的综合统一体，即文化赖以生存的文化整体生态环境。马克思指出："不是土壤的肥力，而是它的差异性和它的自然产品的多样性……使他们自己的需要、能力、劳动资料和劳动方式趋于多样化。"正是由于各民族在历史过程中思维意识、价值判断、经济水平、社会结构、地理环境均不尽相同，孕育于这些不同文化生态空间的民族传统体育才形态各异、绚丽多姿。保护民族传统体育，重中之重在于保护它的文化母体——文化空间。

## 四、民族传统体育文化遗产保护的原则

2005 年 4 月，国务院办公厅在《关于加强我国非物质文化遗产保护工作的意见》中进一步明确了非物质文化遗产保护工作的目标和基本原则：目标是通过全社会的努力，逐步建立比较完备、有中国特色的非物质文化遗产保护制度，使我国珍贵、濒危并具有历史、文化和科学价值的非物质文化遗产得到有效保护，并得以传承和发展。基本原则是政府主导、社会参与，明确职责、形成合力；长远规划、分步实施，点面结合、讲求实效。结合民族传统体育文化自身的特点，在保护工作中应做到以下几点：

### （一）以人为本原则

民族传统体育存在的根本意义是为人这个主体服务，以人的满足为最高境界。离开了对"人"的核心地位与中心作用的认知与肯定，就无法把握民族传统体育"非物质形态"和"文化空间"的属性及其特点，也就无法正确理解和深刻把握保护民族传统体育的科学思路与有效途径。

### （二）保持原真性原则

原真性就是保护原生的、本来的、真实的历史原物。保护少数民族文化遗产，对现有的历史环境进行整治要坚持"整旧如故，以存其真"的原则。原真性是定义、评估和监控文化遗产的一项基本因素。1964 年的《威尼斯宪章》奠定了原真性对国际现代遗产保护的意义，提出"将文化遗产真实地、完整地传下去是我们的责任"，这也是对保护遗产原真性的最好阐释。受不同的地域环境以及人们的生产生活方式、风俗习惯的影响，传统体育文化呈现出不同的形态。从某种程度上来说，如果脱离了地域环境，那么传统体育文化也就失去了其内在价值，"北人善马，南人善舟"指的就是地域环境对民族传统体育项目的"培育"。例如，白族的赛马节等一些民族传统体育项目如果脱离了原生态环境，则将逐渐失去其文化内涵。除此之外，在保护中我们还要杜绝"翻版"与"假冒"。在二十世纪八九十年代，受旅游"文化热"的影响，全国各地纷纷效仿，建起了一个又一个的"民俗村"，各项经过虚假加工的"民族传统体育项目"也"定居"其中进行表演。在这种造假环境下产生的民族传统体育文化成为一种"快餐式"文化，经过短暂的热潮后，许多"民族村"接连倒闭。在这种境遇下，民族传统体育陷入生存与发展的窘境。保持原真是为了维护民族传统体育文化遗产的表现形式和文化含义的内在统一。历史的传承，不是随随便便就可以的，是需要依据的，对民族传统体育文化遗产的保护，提倡"写实的《三国志》"，而不是"对历史真实进行改写演绎的《三国演义》"。

### （三）精品保护原则

文化遗产与一般的文化事项不同，通常所指的是文化精品，是一个民族在长期发展过程中所创造并传承下来的。保护文化遗产，就是保护那些文化精品，而不是一个民族传统文化的全部。一个文化事项要想成为文化遗产，必须具有历史价值、艺术价值、科学价值和纪念价值。在具体的文化遗产保护工作中,应该根据文化遗产价值的高低,将文化遗产分为世界级、国家级、省级及市级,并施以不同等级的保护措施。作为非物质文化遗产保护的基本原则,保护精品是我们永远的追求。

## (四) 濒危遗产的优先保护原则

文化遗产保护的终极目标是将人类历史上创造并传承至今的一切优秀文化遗产都尽可能全面地保护起来、传承下去。但受限于目前的国情国力,将所有的文化遗产都一股脑地保护起来是不现实的,也是不可能的,在这种情况下,那些已经处于濒危状态的文化遗产就必须处于被优先保护的地位,必须集中人力、物力、财力将它们及时而有效地抢救下来,为今后人类新文化的创造保留更多的思路、更多的选择、更多的参考和更多的资料。目前,许多国家已经意识到保护濒危遗产的重要性,"保护为主,抢救第一"也已经成为许多国家文化遗产保护工作者的共识。

## (五) 多样性原则

在我国,一般把除汉族以外的 55 个民族称为少数民族。而几乎每一个少数民族,都有自己独特的传统体育活动,可见,我国的民族传统体育文化遗产是极其丰富的。2006 年 5 月 20 日,国务院公布了第一批国家级非物质文化遗产名录(共计 518 项),这批名录包括十大类,分别是民间文学、音乐、民间舞蹈、民间戏剧、曲艺、杂技与竞技、民间美术、传统手工技艺、传统医药、民俗。其中,杂技与竞技类中的民族传统体育包括天桥中幡(北京市)、抖空竹(北京市)、回族重刀武术(天津市)、吴桥杂技(河北省吴桥县)、沧州武术(河北省沧州市)、陈氏太极拳(河南省焦作市)、邢台梅花拳(河北省邢台市)、杨式太极拳(河北省永年区)、沙河藤牌阵(河北省沙河市)、聊城杂技(山东省聊城市)、蹴鞠(山东省淄博市)、宁德霍童线狮(福建省宁德市)、维吾尔族达瓦孜(新疆维吾尔自治区)、少林功夫(河南省登封市)、武当武术(湖北省十堰市)、朝鲜族跳板、秋千(吉林省延边朝鲜族自治州)、达斡尔族传统曲棍球竞技(内蒙古自治区莫力达瓦达斡尔族自治旗)和蒙古族搏克(内蒙古自治区),共 17 项。多年以来,我们都在强调文化的多样性,以寻求中华民族传统体育文化在世界体育文化中的位置。同样，在民族传统体育文化遗产的保护中，"多样性"亦是不容忽视的。现代经济学有一条著名的定律——"边际效用递减"定律，即消费者每增加消费一单位同样的商品，这种商品给他带来的满足程度的增加值随之递减。与此对应的是，现代经济学中还有另外一条规律：在满足程度差不多的情况下，消费者更倾向于多样化的选择。因此，如果民族传统体育文化失去了本质的"魂"——传统体育文化多样性，只是一些身体动作，那么人们迟早会对其失去兴趣。文化传承与发展的载体是人，一旦人失去了兴趣，自然也就没有了传承与发展的动力。

### （六）生态化原则

生态化是指在保护民族传统体育文化遗产的工作中，尤其要注重保护文化遗产的活态性特征。这种"无形与有形的统一""只见物，不见人，只见形，不见魂"的原始活态性问题不仅是民族传统体育文化遗产保护中最难解决的问题，同时也是非物质文化遗产保护中普遍存在的问题。因此，对它们的保护和开发，要坚持原生性，原汁原味，与此同时还要注意现代技术的参与和现代展示手段及营销方式的运用。21 世纪以来，各地的地方政府和民间逐渐开始重视民族传统体育，这主要表现为两个方面：一方面在积极发掘整理各种民间传统体育项目；另一方面又通过各种文化活动将这些项目公众化。重视传统文化的继承和发扬，重视文化在社会发展以及经济建设中的作用，积极开展申报世界文化遗产活动，这些工作对改善民族传统体育的生存环境无疑是有积极意义的。

## 五、民族传统体育非物质文化遗产保护的意义

每一个民族及其文化都拥有自己的历史精神和人文传统，文化在不同的时代和不同的地域具有各种不同的表现形式。因此，尊重文化多样性是本民族文化发展的内在要求，是实现民族文化繁荣的必然要求。

中国民族传统体育文化博大精深、源远流长，包含了极为丰厚的人文价值，如"自强不息"的进取精神，"厚德载物"的包容精神，重礼仪、崇道德的人本精神，陶冶了中华儿女的情操，维系了中华民族的情感。这些象征

中华优秀传统的文化,深深地植根于每一个中国人的心间,这些象征人民生命创造力的文化,又成为民族的精神家园,是我们增强文化认同的宝贵资源。

# 第三节　民族传统体育文化非物质文化遗产的保护与发展

民族传统体育非物质文化是民族优秀传统的象征,是民族精神原始内核的重要组成部分。但随着世界经济一体化的发展,尤其是快速发展的今天,许多民族传统体育文化已经或正在消失,保护和利用好民族传统体育非物质文化遗产,对于继承和发扬民族优秀文化传统、增强民族团结和维护国家统一、增强民族自信心和凝聚力、促进社会主义精神文明建设具有重要而深远的意义。

## 一、民族传统体育文化非物质文化遗产保护的重要性

### (一)文化全球化发展的需要

人类在迎来难得发展机遇的同时,也遇到了越来越多、越来越尖锐的全球性挑战。这些问题涉及全球政治、经济、环境、社会生活等各个方面,关系着世界的和平、稳定与繁荣。面对机遇和挑战,携手开创未来、推动合作共赢,正在成为国际社会的广泛共识。要想达到文化全球化发展的和谐统一,我们就必须保护好各民族文化。在全球化的过程中,要想促使中国民族文化在与西方文化交流时达到和谐统一,必须做好两方面的工作:第一,正确处理好西方体育文化冲击;第二,维持民族传统体育文化的固有结构。佩雷斯·德奎利亚尔曾强调:"面对人类辉煌的历史和不可预知的未来,发展再也不能被看作一个单一的、整齐划一的、直线型的路径。……这场文化运动促使每个民族对传统的思维框架进行反思,这场文化运动也使每个民族坚定了各具特色的现代化之路。"我国民族传统体育深深地扎根于中国这片广阔的地域,更多地反映了我国各族人民的真实文化需求,折射了不同地域的

文化个性,吸引着其他国家的民族对我们的民族文化进行了解、认同、借鉴。保护民族传统体育文化遗产,就是在坚持并发扬这些地域文化特色的同时向外界进行输出,以避免在与世界文化的交流与碰撞中以民族传统体育为代表的民族文化成为被异化的民族文化。

### (二)民族信仰维系的需要

信仰是指对圣贤的主张、主义,或对神的信服和尊崇,对鬼、妖、魔或天然气象的恐惧,并把它奉为自己的行为准则。它是人对世界的一种能力的把握,是一种辩证的动态运作过程,这种运作过程的周而复始从而构成了人类的信仰活动。这种信仰活动是在人类精神生活领域中占据核心地位的一种文化价值活动。具体表现为:对个人而言,它是个人行为的支柱;对国家而言,它构成国家政治意识形态的核心;对民族而言,它构成凝聚国民心智的民族精神。把民族传统体育作为非物质文化遗产来进行保护正是出于文化安全的需要,出于维系民族精神信仰的需要。面对文化全球化大环境,如何认同民族传统体育文化、树立民族信仰,需要人们的选择、维护、创新和管理。

### (三)构建和谐社会的需要

新的世纪,我国社会主义事业发展进入构建社会主义和谐社会的重大时期。而民族文化遗产保护的核心理念在于和谐,因此从某种程度上来讲,保护民族文化遗产为和谐社会构建提供了精神来源,而和谐社会构建迫切需要民族文化的精髓——和合观思想来支撑和提供动力。民族传统体育产生于我国各族人民的劳动生活中,并在其特有的劳动生活模式中创造出了民族传统体育文化的价值取向——和谐,这一价值取向的观念始终贯穿于民族传统体育文化的思维模式与实践规范之中。保护民族传统体育文化,要以满足人民群众日益增长的体育文化需要为出发点,充分挖掘其文化内涵,发挥自身的"和谐"功能,为促进民族传统体育文化发展服务。

## 二、民族传统体育文化非物质文化遗产保护的困境

非物质文化遗产是历史的遗存,又与时代发展有密切的联系,现实生活中可以找到它存在的痕迹,有的生命力还相当旺盛。非物质文化遗产的这些

特点决定了它在现实的保护、传承与发展中不可避免地存在着众多的难题与困境。

## （一）社会环境变迁中保护的有限性

对非物质文化遗产进行保护并不只是保护这一遗产本身，还必须连同与它的存在、发展密切相关的生态环境一起加以保护。民族传统体育文化大多产生于传统社会，而流传于民间，尤其是较为封闭的少数民族地区。随着社会经济的迅速发展与交通、通信的发达，传统社会向现代文明社会发展，传统体育依赖的环境也在不断发展变化之中，但受传统社会观念的重大影响，使得部分民族传统体育文化难以为继，这为民族传统体育文化空间的保护提出了难题。

## （二）传承主体的缺位

这种政府主导、传承主体缺位的施予式保护现象，造成了我国民族传统体育文化在传承过程中，许多地方政府借保护之名粗暴地干涉传承工作，而传承人与习练者的意志得不到有效表达，传承主体的地位和作用被漠视和淡化，民族传统体育文化的持有者在名录申报中处于"失语"的状态。在这种状态下，即使有些民族传统体育项目已经被列入国家级遗产保护范围，也得不到有效而合理的保护。所以，提高传承主体的地位，充分发挥传承主体的主观能动性，使之能真正参与到民族传统体育文化保护的实际工作中，才是目前我们应该解决的问题。

## （三）缺少长远定位与规划

国家对于非物质文化遗产的保护需要进行必要的定位和规划，而不是一窝蜂地乱来。保护与传承固然重要，但也要注意时代的前瞻性，尤其注意长远定位与规划。我们现在面临这样一个现状：对非物质文化遗产进行保护的口号，除了一部分而且是很大一部分是纯粹的概念游戏和话语权争夺外，极少是真正扎根在自己的社会议题和现实呼唤上的。这使得对非物质文化遗产的保护有时仅仅停留在口头上，而没有实际的行动，更不要谈效果了。比如，各级政府对传统武术"申遗"做出积极的响应与支持，"名录"背后隐藏着巨大的经济利益。在新的世纪、新的经济下，注意力即财产，金钱与注意力一起流动，利用国家级名录的效应开发文化产业与旅游产业的现象屡见不鲜。同时，名录申报成功后还可以从中获得大量的保护专项资金，这也是各级地方政府经济来源的一个重要途径。非物质文化遗产为传统武术的传承与发展开辟了一个崭新的领域，传统武术界应充分把握这一机遇，打破原有的发展空间和理念，做出总体性、长远性的规划，不能受短期的现实利益影响而放弃，这是因为传统武术是我国人民共同创造的、不可多得的宝贵财富。

### （四）传承效果缺少评估、反馈机制

国家级非物质文化遗产也认定了，国家也投入了巨资，但这些非物质文化遗产对于繁荣、丰富人类生活和精神起到了怎样的作用，目前还缺少有效的机制对其进行评估。已成功申报国家级非物质文化遗产的民族传统体育项目，应根据当今社会需求，大力拓展其生存空间和传承途径，而不能仅仅依赖政府的扶植和救助。在一段时期内，政府不仅要对列为国家级非物质文化遗产的项目进行评估，同时还要督促其开展传承活动，从而使非物质文化遗产的保护能够真正地实现为人们服务、为社会服务。此外，国家级非物质文化遗产项目也应履行将其开展活动的情况、存在问题等向文化部门进行汇报的义务，从而更好地促进双方之间的沟通、合作与交流，为非物质文化遗产保护工作的顺利开展做出应有的贡献。

## 三、民族传统体育非物质文化遗产保护的路径选择

就非物质文化遗产的保护本身来讲，我们认为，保护重于开发利用，非物质文化遗产保护工程必须坚持《关于加强我国非物质文化遗产保护工作的意见》所确定的非物质文化遗产保护工作指导方针："保护为主，抢救第一；合理利用，传承发展。"只有先整理和记录了非物质文化遗产的原貌，才有可能在这样的基础上进行开发利用。保护和抢救的时机稍纵即逝，但是开发利用却可以长久地进行。

### （一）民族传统体育的保护要制度化、法律化

立法保护是国际社会保护文化遗产的通常做法，也是最有效的保护手段之一。我国的非物质文化遗产保护目前还只有个别单项条例和地方性条例。云南省率先于 2000 年制定了《云南省民族民间传统文化保护条例》，此

后，贵州、福建、广西等地相继颁布了省级民族民间文化保护条例。2003 年，《中华人民共和国民族民间传统文化保护法》颁布；2011 年，《非物质文化遗产保护法》颁布。这些法律、法规的颁布与实施不仅对各国各地区的传统文化遗产的保护起到了非常重要的作用，同时也将为传统体育文化遗产的保护提供依据。尽管自 2004 年我国加入联合国《保护非物质文化遗产公约》以来，我国就一直致力于建设非物质文化遗产的法律制度保障体系，以保护对于我国来说十分珍贵的非物质文化遗产资源。但是由于种种原因，直到现在，我国非物质文化遗产保护的法制条例建设，还十分薄弱。针对此问题，就要有针对性地建立民族传统体育文化遗产的法律法规体系，为民族传统体育文化遗产的传承与发展提供政策保障、法律支持。这些法律法规，必须包括全国性和地方性法规、行政和民事法规、综合性和单项性法规。只有这样，才能使民族传统体育文化遗产更好地继承下去。

## （二）加强长远规划与管理

民族传统体育非物质文化遗产的发展要具有详尽的规划，要全面把握其发展现状，杜绝地方任意申报，优先将濒临灭绝的体育项目纳入非物质文化遗产。传承人最好是一个团队，可以将传承人分为代表性传承人、第一传承人、第二传承人等传承梯队。传承人的确定和选择不仅要考虑其技能掌握情况、代表性、公信力、传承能力，同时传承人之间还应有合理的年龄间隔，从而建设一支合理、有效的传承人队伍。对于那些已经申报成功的国家级非物质文化遗产项目，应建立评估、反馈机制，定期开展相关活动，将保护、传承、利用、发展四者有机地融合在一起，充分发挥非物质文化遗产的作用。另外，对于传承人的资助要以精神资助为主、经济资助为辅。同时，经济资助应以传承活动开展情况予以评判。

## （三）加强教育普及并纳入教育体系

教育是指一切能够增长人们知识，提高人们生存、生活技能，促进人们身心健康发展，影响人们的思想意识的活动。按照形式的不同，教育可分为家庭教育、社会教育、学校教育三种。人是文化延续的载体，教育是文化传承的重要途径和手段。教育的任务不仅仅在于文化的普及，同时还应包括专业人才的培养。要做好文化遗产的保护工作，文化的普及是极为重要的一个方面。青少年是祖国的未来，应是文化普及的主要对象。民族传统体育文化遗产是我国文化宝库中的璀璨明珠，但是因为外来文化的影响以及我国对民族传统体育文化遗产方面的宣传力度不够等客观因素，现今许多国人对于民族传统体育文化遗产知之甚少。要想做好民族传统体育文化遗产的保护工作，最主要的就是进行民族传统体育文化遗产知识的普及，让大家都了解到底什么是民族传统体育文化遗产，其概念是什么，都有什么内容，等等。知识的普及，是保护民族传统体育文化遗产的一个重要基础。只有在全面普及的基础上才能使后续工作顺利进行。如果要做到民族传统体育文化遗产知识的真正普及，就必须把民族传统体育文化遗产知识纳入教育体系之中。因为学校教育是传播一种文化的最佳载体，特别是现代这一批亟需得到传统文化教育的学生，把民族传统体育文化遗产知识纳入教育体系是一种典型的双赢。学生通过课堂上老师的讲解得到了民族传统体育文化遗产的知识，在提升自己文化水平的同时，自身也成为了民族传统体育文化遗产的普及者与传播者，从而提高我们中华民族的整体素质。然而，21世纪的今天，受各种因素的影响，综观我国高等体育院校和体育系现行的民族传统体育专业课程的设置，我们不难发现，目前我国高等教育仍然处于知识普及的阶段，文化遗产保护的内容不见踪影。当前，我们的文化遗产保护工作虽然具备了各种高科技的保护手段，但是缺乏理性的、系统的非物质文化遗产教育意识。因此，要想做好文化遗产的保护工作，我们不仅要积极地开展各种形式的非物质文化方面的教育活动，同时还要把民族传统体育文化遗产纳入教育体制，通过家庭、社会与学校等多种教育机制的有效结合，从而更好地把丰富而独特的民族非物质文化进行有效的、系统的、科学的传播，为进一步提高我们中华民族的整体素质打下坚实的基础。

## （四）注重文化传承过程中人的作用，强化活态载体："传承人"的保护

文化是人创造出来的，也只能由人来传承。我们总是喜欢将行为对象化（其实是功利化），目中无"人"只有物。非物质文化遗产的形态保护、传承与开发首先必须是"文化"的，即以人为本。只有"人"才能够将行为与目的统一在一起。这就要求我们在民族民间体育文化保护工作中，要秉着

"以人为本"的精神，站在民众的角度出发，设身处地为民众着想，注意倾听当事者的声音，从而协调好各个方面的关系，认真做好分内的工作。文化部已建立起了民族、民间文化传承人（传承单位）的认定和培训机制。这一培训机制通过采取资助、扶持等手段，鼓励民族民间文化的传承与传播。2007年，文化部对国家级非物质文化遗产名录项目的代表性传承人的认定标准、权利和义务做出了明确规定，并于同年6月的"文化遗产日"期间公布了我国第一批国家级非物质文化遗产代表性传承人。受种种因素的影响，我国民间体育艺人地位非常低下，他们没有良好的生存环境。因此，要想做好民族民间文化传承工作，除了要提高民间体育艺人的社会地位外，还要为他们提供较为优厚的待遇、改善工作条件，为他们更好地传承文化做好基本工作。同时，要把传统体育作为一门课程纳入教学计划，特别是一些少数民族地区更应该根据区域优势，充分对当地民族民间体育课程资源进行挖掘，从而培养民族自豪感和民族自尊心，强化民族自我认同感和社会认同感，让更多的年轻一代积极投身于民族传统体育文化的挖掘、整理、传承与创新工作。

### （五）建立民族传统体育文化遗产分级保护体系

民族传统体育项目种类繁多，分布在各地域，民族传统体育文化遗产的保护不仅忽略了很多项目，而且在地域上也受到诸多限制。针对这种现状，我们应该建立民族传统体育文化遗产的分级保护体系；要实行从中共中央到地方的分级（国家级、省级、市级、县级四级）保护体系。国家级保护工作可由文化部门牵头，体育总局和其他相关部委配合，由体育总局管理部门负责，承担起对国家级民族传统体育文化遗产的申报、评审、资助等保护工作。省、市、县级民族传统体育文化遗产保护工作则分别由相应的省、市、县级文化部门、体育局等相关部门配合，由体育局负责，承担起系列保护工作，各级保护体系部门要加强纵向和横向管理联系。各级体育部门要制定出相关的保护管理制度，做好对民族传统体育项目的认定、登记、指导工作。这种分级的保护体系，有利于有关部门的有序管理和开发，在一定程度上避免了"几不管"和"重复管理"的现象，不仅节约了人力资源，也大大缩减了整个文化保护体系的漏洞。要做到对不同级别的民族传统体育文化遗产在分布状况、生存环境、开展状况、文化特色、保护现状、传承人员数量、习练群体数量及存在的问题等方面有一个全面的了解，必须积极主动地与各有关部门加强沟通与合作，同时需要鼓励、吸纳社会力量的广泛参与，充分发挥各方面的作用，如科研院所、大专院校以及有关社会团体、个人等，调动全社会的积极性。在具体工作中，坚持以"政府主导，社会参与，明确职责，形成合力，长远规划，分步实施，点面结合，讲求突破"为原则，社会各方面相互配合，把力量拧成一股绳，建立起职责明确、运转协调的工作机制，从而更好地保护民族传统体育文化遗产。

随着社会的发展和进步，当前民族传统体育文化的传承与发展面临着新的形势。目前，我国的传统体育文化在一定程度上呈现弱化与衰颓之势，面临重重危机，举步维艰。新形势下如何传承和发展创新民族传统体育文化，是值得人们关心和探讨的问题。

# 第四节　民族传统体育文化传承的思考

面对日益进步的科技、快速发展的经济和经济文化的全球化，民族传统体育文化遭遇了空前的挑战，其传承和发展受到阻碍。

## 一、民族传统体育文化传承的反思

### （一）生存基础的消逝

我国地域辽阔，民族众多，每一个民族都会因为环境条件、生活习俗和生产方式的不同而具有各自的文化特质。随着时代的发展，人们大多看到的是民族传统体育的娱乐表演价值，民族传统体育的其他价值被有意无意地忽视；交通与信息传递的日益便捷使得民族传统体育文化的某些重要特征面临消失的危机；而快节奏的生活方式和追求捷径的心理使得如今有耐心和毅力来传承民族传统体育的人急剧减少；生存观念和物质消费方式的急剧改变，导致包括衰退了的民族传统体育文化在内的许多民族文化濒临消亡和流变。

## （二）侵权行为的侵袭

我国民族传统体育文化具有广泛的影响力和深厚的文化内涵，这导致侵权行为在所难免。比如大家所熟知的"少林"这一商标，在国内有百余家企业在注册使用，几乎涉及各个行业；而在国际上，不少国家和地区都在抢注"少林"或"少林寺"商标，他们均以"少林""少林寺"的商标或名义，利用少林寺的知名度来获取商机和利润。这些行为不但大大地侵占了中华武术资源，同时也侵蚀了中华传统武术的知识产权及名誉权，对我国民族传统体育文化造成了极其恶劣的影响。从总体上来说，我国对非物质文化遗产的保护立法还很欠缺。虽有联合国教科文组织颁布的《保护非物质文化遗产公约》和国务院颁布的《关于加强我国非物质文化遗产保护工作的意见》两部法律条文，但时至今日，国内还没有一部专门保护非物质文化遗产的法律法规，所以现阶段加强立法工作，制定相关法律迫在眉睫。

## （三）创新精神不足

当前，我国民族传统体育文化在应对西方体育文化的冲击时，出现了一些不良的倾向，那就是机械模仿西方体育文化，而不是从西方体育文化中吸取精华来完成对自我文化体系的重塑。要知道，西方体育文化其理论依据是西方近代科学的身体观和生命观，其表现形式是竞技运动，非常重视竞争性和功利性；这一点同倡导中庸、重文轻武的我国民族传统体育文化的内涵和理念是完全不同的。如果我国民族传统体育文化只是盲目模仿西方竞技体育文化而不顾自身文化的历史特性，不能从自身文化出发结合时代发展的趋势积极创新，那么我国民族传统体育文化的传承和发展之路就会非常令人担忧。

## （四）外来竞技体育文化的冲击和异化

随着全球化，外来竞技体育文化不断对我国进行侵蚀，导致我国传统体育项目及体育文化发生异化。目前存在的状况是：包括足球、篮球等在内的一些国外竞技体育开始取代部分中国传统体育项目，一跃成为中国主导体育项目，使得本土传统体育比如太极拳等的地位越来越低，发展状况越来越差。现在大街小巷流行的都是国外竞技体育，如篮球、足球、跆拳道等，大大小小的篮球、足球场地和跆拳道馆遍及每个城市的各个角落；而本土的民族传统体育项目则被人们遗忘在历史的某个角落，能见到传统体育的机会和场合是少之又少。近年来，受经济等的影响，如太极拳、武术馆、象棋馆等场馆几乎全部闭馆，剩下的也都苟延残喘了，学习者人数也在急剧下降。现在练习太极拳、进行舞龙等表演的人也越来越少，即便是练习者，也对其内在的文化理念与价值观念不甚了解。必须正视的是，现代体育对各民族传统体育的冲击已是不争的事实。被西方竞技体育异化的商业化的竞技套路、竞技散手充斥着体育舞台，完全看不到民族文化历史的原貌，更谈不上承载民族文化的内涵和基本精神。因此，在适应全球化发展的过程中，需要不断保护并传承我国的传统体育文化，在与其他国家民族传统体育文化进行交流的过程中，不断发展具有自身特色的传统体育项目及体育文化。要注重传统文化的传承，保护好祖先给我们留下的宝贵财富。

## 二、民族传统体育文化传承的超越

我国的民族传统体育文化要想继续有影响地发展下去，就必须完善我国民族传统体育文化的可发展性和存在的必要性，只有这样才能让我国的民族传统体育文化永远的发扬和传承下去。如何传承我国民族传统体育文化可以从以下几个方面入手：

第一，结合经济发展与精神文明建设。我国民族传统体育文化的传承发展要结合当前的经济发展及精神文明建设的实际。我国民族传统体育文化反映了中华民族特有的生活及思维方式，对中华民族的生存和发展方式起到了一定的展示作用，是中华民族文明体系中非常难得的宝藏。所以，在传承与发展民族传统体育文化的过程中，要站在文化资源和文化资本的角度来看待民族传统体育文化，要高度重视民族传统体育文化的经济价值，然后努力将其经济价值潜能挖掘出来，以实现民族传统体育文化对地方特色经济发展的促进作用。当前正在大力推进社会主义精神文明建设，这就要求民族传统体育文化的传承与发展要紧密结合当前的精神文明建设，要高度重视民族传统体育文化的内涵，从构建社会主义和谐社会的高度来充分发挥民族传统体育文化中优秀的精神价值，从而有效地促进我国社会主义和谐社会思想及优良道德体系的构建。

第二，完善体育文化法律保障机制。要想民族传统体育事业及体育文化的持续发展得到保障，那就需要完善体育文化法律保障机制，建立起一套法律法规。保护传统文化遗产是历史赋予我们的时代使命，随着人们对传统文化遗产认识的逐渐深入，这一使命已经为越来越多的人所重视。在经济浪潮冲击的今天，民族传统体育文化在发展和传承中被侵权的行为让体育界感到加强传统文化保护立法的重要性。学者们已经就此达成共识：要想很好地保护民族传统体育文化，必须建立起一整套与之相适应的法律、法规。作为保护民族传统体育文化最有力保障的法律手段，需要国家从民族传统体育文化的基本属性和非物质文化遗产的国际定位出发，从体育、文化及知识产权等角度对民族传统体育文化实施一定的、必要的法律保护政策，要加强相关方面的专门法律法规的制定与管理，以有效保证我国民族传统体育文化事业的发展。

第三，发展壮大民族传统体育文化产业。随着人类社会的发展和文明的进步，文化产业日益成为全球新的经济增长点。目前，在西方发达国家，体育文化产业已是成熟产业，并已成为各国国民经济的一个重要支柱。我国要想实现民族传统体育的创新和发展，就必须发展壮大民族传统体育产业。首先，培育优势产业集群。产业集群的培育需要我们对民族传统体育文化产业进行合理、有效的改造，并遵循减量化优先发展的原则，只有这样才能更好地发展民族传统体育文化产业。其次，发展循环经济模式。民族传统体育文化产业的循环经济模式的发展必须以体育消费带动体育产业发展，反过来，发展的体育产业可以更好地为体育消费服务。例如，民族旅游业可以充分带动民族传统体育产业的繁荣，从而更好、更有效地保护民族传统体育文化生态。同时，民族传统体育产业的发展又可以进一步刺激民族旅游业的发展。再次，要逐步形成完备的传统文化产业发展格局，同时利用数字、网络等高新技术，以数字化、信息化带动民族传统体育文化产业的跨越式发展。最后，在有条件的、资源充足的地区，可以考虑将民族传统体育产业发展为支柱产业，同时建立民族传统体育文化产业资源评估体系，以便科学地把握产业方向。

第四，以人为本，不断进行技术创新。当前，很多优秀的民族传统体育项目濒临消失，一个非常重要的原因就是广大人民群众对这些项目的积极性和参与度不高。因此，必须激发起广大人民群众对这些体育项目的参与热情，使它们远离消亡的边缘，并且获得持续发展。发展民族传统体育要以人为本，必须要以满足广大人民群众的各种物质文化需要为目标，只有这样才能充分调动广大人民群众参与民族传统体育项目的积极性。传承与发展民族传统体育文化要高度重视技术发展，不断进行自身创新，要提高我国民族传统体育文化的品位，积极打造属于中华民族特有的体育文化品牌，要以自己的文化特色走向世界和融入世界。也就是说，中国民族传统体育文化的发展必须要从我国的历史文化背景出发，要符合各个地方、各个民族的本土实际，要考虑我国民族传统体育文化发展和传承中的整体性、民族性、地域性及独特性，以多元技术路线为基础，走出一条适合我国国情实际的民族传统体育技术创新和发展之路。

# 第四章　民族传统体育非物质文化遗产保护和传承对策

## 第一节　民族传统体育非物质文化遗产保护的相关概念和特点

### 一、体育非物质文化遗产保护的相关概念

2011 年 2 月 25 日我国通过《中华人民共和国非物质文化遗产法》，于 2011 年 6 月 1 日开始实行，在法律条文当中明确把传统体育作为非物质文化遗产的范畴："本法所称非物质文化遗产，是指各族人民世代相传并视为其文化遗产组成部分的各种传统文化表现形式，以及与传统文化表现形式相关的实物和场所。"这一概念表述是在总结中国非物质文化遗产国情、借鉴《保护非物质文化遗产公约》对非物质文化遗产表述的基础上提出的，是更适合中国非物质文化遗产保护国情的表述和理解。根据非遗法的界定，笔者认为传统体育非物质文化遗产的概念广义上是指各族人民世代相传的民族传统体育文化表现形式，以及与其文化表现形式相关的实物和场所。狭义上是指各民族人民世代相传以身体活动为主体进行互动与意义表达，以身传心授形式进行传播的身体活动形式和知识。笔者认为民族传统体育非物质文化遗产与少数民族传统体育非物质文化遗产在概念上可以等同。

对非物质文化遗产内涵的认识也有许多不同意见。古奥瓦尼·皮那根据 2003 年的非物质文化遗产定义，确定了非物质文化遗产的三种类型：第一，

通过身体表现出来的文化表现或者社区传统的生活方式；第二，不需要通过身体形式表现出来的个体或者集体的文化表现；第三，物的象征和隐喻。古奥瓦尼·皮那指出，各个类型间的界限很难确定，并且认为物的象征和隐喻属于无形遗产的一部分。苏东海则对古奥瓦尼·皮那的关于无形遗产内涵的第三类界定提出了自己不同的看法，认为无形遗产是一个十分复杂的概念，没有物质的外壳，是无形的，是靠特殊介质表现出来的，并指出无形遗产就是无形遗产，不要去模糊它。也有学者认为，有形文化遗产和非物质文化遗产之间是有无相生、辩证统一的完美结合，应以虚实相生的观念来认识文化遗产的保护。倪依克、胡小明认为体育文化遗产是它既有与体育活动相关的竞赛程序、器材制作、比赛规则等身体运动内容，又有与各民族的社会特征、经济生活、风俗习惯、历史文化息息相关的传统文化现象。基于对非物质文化遗产的界定和对体育文化遗产的界定，有的学者认为：体育非物质文化遗产可以理解为被某一区域人口或固定群体主要用于健身、娱乐、祭祀、竞技等目的所遗存的各种身体活动形式和知识，以及与之相关的实物、器具和文化空间。体育非物质文化遗产主要包括以身体活动为核心而形成的方法、规则、器具、场地及其相关的文化传统等。把非物质文化遗产与物质文化遗产统一起来作为非物质文化遗产来表述，反映了我国体育界对非物质文化遗产概念认知的混乱与模糊。

体育非物质文化遗产是非物质文化遗产的下位拓展概念，许多学者对于体育非物质文化遗产的概念的界定，是在非物质文化遗产定义的基础上结合体育文化、体育器械、体育场所加以界定。2012年7月，国家体育总局体育文化发展中心研究部主任、研究员、博士生导师崔乐泉在体育文化建设与提升中国体育软实力高级研修班授课中提出："体育非物质文化遗产是指那些被各群体或个人视为其文化财富重要组成部分的具有游戏、教育和竞技特点的运动技艺与技能，以及在实施这些技艺和技能的过程中所使用的各种器械、相关实物和空间场所。"本文将体育非物质文化遗产界定为：那些被各群体或个人视为其文化财富重要组成部分的具有游戏、教育和竞技特点的运动技艺与技能，以及在实施这些技艺与技能的过程中所使用的各种器械、相关实物和空间场所。它既有与体育活动相关的竞赛程序、器械制作等身体运动内容，又有与各民族的社会特征、经济生活、风俗习惯息息相关的传统文化现象，是一种"活态人文遗产"。

体育非物质文化遗产的提出是对这一类珍贵文化形态的抢救和保护，是对濒危文化采取的一种记录、保存、评估、拯救、人类共享的一项文化工程。体育非物质文化遗产的文化内涵应该包括以下几种层次或范围：

第一，现存原始土著民族的各种各类体育文化中的精华或代表性形态和形式。

第二，一国中发达民族（或主体民族）的民间体育文化代表性形态和形式。

第三，一国中发达民族（或主体民族）的濒危性传统体育非物质文化遗产。

第四，一国中非发达民族（或非主体民族）的民间体育文化和传统体育非物质文化。

第五，各个民族、各个种族特殊形式的濒危状态的体育非物质文化（不受创造时间限制）。

通观体育非物质文化遗产的发展历程和演变规律，对一定地域和人群的历史和社会生活发挥着巨大影响力和渗透力的功能系统，主要体现在健身、竞技、娱乐、观赏和教育等方面。

第一，健身功能。体育非物质文化遗产中的传统体育理论强调处理好动与静、神与形、劳与逸三对基本矛盾的统一。数千年来，这一理论一直指导着人们的健身活动，而正是这种既科学又实用的生命整体优化观，成了体育非物质文化遗产健身功能的理论精华。体育非物质文化遗产的健身功能是以追求个人与自然及社会实现最大限度的和谐一致为主要目标的，这也是中国传统体育文化的主流，这一功能对中华民族整个传统体育的发展和演变产生了深刻的影响。

第二，竞技功能。纵览项目繁多的体育非物质文化遗产技艺，其竞技性功能主要表现为两种特点：一种是技艺本身所"与生俱来"的竞技功能，如赛马、摔跤等项目。另一种是原生态的娱乐性活动形式，在后来的发展中只要在技术上稍加改进即可成为竞赛性项目。事实上，随着现代竞技体育的普及以及其所带来的影响，许多体育非物质文化遗产形式正在逐步竞技化。这种竞技性功能从某种角度来讲，为体育非物质文化遗产走向世界体坛开辟了一条新的路径，体现了体育非物质文化遗产由民族性活动向国际性运动竞赛方向转折的新趋势。

第三，娱乐功能。许多体育非物质文化遗产技艺形式是各民族在生产劳作之余获取身心愉悦的非功利活动。在这些活动中，参与者不仅在生理上获得快感与舒畅，更重要的是在心理上获得愉悦与放松。从简单易行、随意性较强的项目，到技艺精巧、有严格规则的竞技；从因时因地、自由灵便的嬉耍，到配合岁时节令的大型文体生活广场表演，体育非物质文化遗产将体育融汇于生产劳动、欢度佳节、言庆丰收之中，使体育非物质文化遗产的娱乐性体现得更加充分。

第四，观赏功能。在体育非物质文化遗产中，诸多的表现形式是融竞技、戏剧、舞蹈、音乐因素等为一体，使这些项目在具有民族特色、娱乐和健身特点的同时，更具有艺术欣赏的价值。这也是体育非物质文化遗产富有魅力和活力的重要原因之一。可以说，观赏性是体育非物质文化遗产的一项极具特色的功能，诸多项目所显示的造型美、体态美、节奏美、和谐美、意境美以及服饰美，都极具观赏性，令人叹为观止，它是中华民族气质、力量、情操的象征。

第五，教育功能。体育非物质文化遗产是一种综合性的民族文化，它包含着人们的价值观、伦理道德观、审美观以及人们的行为模式，因此每一类技艺形式自其产生起，都对教育有着重要的影响，许多技艺更成了学校体育教育不可缺少的内容之一。

## 二、体育非物质文化遗产的特点

人总是生活在一定的社会群体当中，体育非物质文化规范着这一群体的生活方式、价值取向。因此，它是维系和巩固群体团结和谐的黏合剂，是一定群体、一定民族凝聚力的载体。要了解体育非物质文化遗产保护的特征，必须先认识体育非物质文化遗产有哪些特点。

第一，体育非物质文化遗产具有非物质性。它反映的是非物质的，是无形的文化资产。体育非物质文化遗产既不是人，也不是物，但又离不开人，离不开物，它是以人或物为载体利用言传身教传承至今的文化瑰宝。因此，在对体育非物质文化遗产进行保护与传承过程中更应注重的是体育非物质文化遗产的起源、文化、传承形式、传承方法，要凸显非物质性，明确保护对象。尽管有些遗产项目要通过物质方面加以体现，但是列入非物质文化遗产的是它的技艺、内容，是无形抽象的。这是体育非物质文化遗产最主要的特点。

第二，体育非物质文化遗产具有不可再生性。正如石油、煤、天然气等不可再生资源一样，体育非物质文化遗产也同样具有不可再生性。体育非物质文化遗产往往是在某种特定的年代或者特定的环境中孕育生长的，随着现代化进程的加快，体育非物质文化遗产的自然环境、人文环境发生了变化，同时一些体育非物质文化遗产面临着后继无人的困境。

第三，体育非物质文化遗产具有活态性。物质文化遗产通常是以文物的形态出现，主要是指历史上的物质文化遗产，它是静态的。而体育非物质文化遗产是以活的形态出现，是以人为本的活态文化。活态性是体育非物质文化遗产的最基本特征。体育非物质文化遗产中的表演者是体育非物质文化遗产活态文化的主体，处于活态文化的核心地位。体育非物质文化遗产的活态性，还体现在它的传承过程，以及这一过程中的变异与创新。体育非物质文化遗产项目毕竟是一种传统表现技能，具有生存、发展的特定空间和时间维度，不仅是人类发展的物化的时间记忆，更是植根于民间的活态的传统行为方式。

第四，体育非物质文化遗产具有地域性。体育非物质文化遗产多源于民间、传于民间，可以说民间是体育非物质文化遗产赖以生存的生态环境。由于我国幅员辽阔，民族众多，由于地理位置和生态环境的不同，各地区的人们对文化也有着不同的认识和理解，随之出现的体育非物质文化遗产也凸显地域特色。例如，同样是太极拳，虽然拳术理念相同，但因为地域差异和传承变化的原因，却出现陈氏太极拳、杨氏太极拳、吴氏太极拳、武氏太极拳、孙氏太极拳五大派系。此外从地域上来说，南方水域充足这就为龙舟项目的开展创造了得天独厚的条件，北方有些地区则难以开展此项目；相反北方草原生活的游牧民族则擅长骑马射箭,这也是南方难以普遍开展的项目。湖南的体育非物质文化遗产项目也和湖南多元的民族文化是分不开的。舞龙这项风俗活动在不同民族的习惯和风俗中其所表现的项目规则和技术也有一些差异。同一类项目,却有着不同的地域文化表现特征。

第五,体育非物质文化遗产具有民俗性。许多体育非物质文化遗产活动并不是一般意义上的锻炼或竞技,往往同劳动等活动交融在一起,大多数不是独立开展的,都是依附于民俗之中的。如端午节的赛龙舟就是当时楚国人民因舍不得屈原死去(投身于岳阳汨罗江),于是许多人划船追赶拯救。借划龙舟驱散江中之鱼,以免鱼吃掉屈原的尸体。今天,赛龙舟是中国民间传统水上体育娱乐项目,已流传两千多年,多在喜庆节日举行。又如土家族摆手舞,它分大摆手和小摆手两种。小摆手,土家语叫"Sevbax(舍巴)"或"Sevbaxvax(舍巴巴)";大摆手,土家语称为"Yevtixhhex(叶梯黑)"。它们有相对固定的表演时间和场地,大部分地区均在正月初三至十七之间举行,且大多在夜晚。短则三天,长则可达七天。酉阳、龙山、保靖的土家族人在农历二月初七举行,称为"社巴日"。摆手活动一般在"摆手堂"或"摆手坪"或"土王庙"举行。凡百户之乡,皆建有摆手堂,有的还建有排楼、戏台等。民族传统体育成了节日民俗活动中的一项重要内容,它具有鲜明的民族特色和浓郁的乡土风情。

第六,依赖性。非物质文化遗产是人的遗产,无论是创造、保护和传承,人类都是主体,没有人作为媒介就没有保护和传承可言,所以在非物质文化遗产的保护和传承中更应该加大对传承人、实物的保护。体育非物质文化遗产的传承方式多为口述、示范等方式,通过肢体动作或刀、枪、棍、棒等实物呈现该体育非物质文化遗产的技艺全貌。由此可见体育非物质文化遗产与物质是分不开的,也正是非物质与物质相结合以及其自身的技艺特性,才产生了门类多样、内容丰富的体育非物质文化遗产。这些遗产不仅传承了有形的技艺形态,强健了民族体质,最重要的是延续和弘扬了中华民族团结奋进的民族精神。

第七,多样性。由于体育本身的特性,也随之出现了体育非物质文化遗产的多样性。就武术而言,我国武术博大精深、门派林立。徒手类分为掌法、拳法、脚法、射法；器械类又分为长兵、短兵、双器械、软器械，具体又分为刀、枪、剑、戟、棍、棒、槊、镶、斧、钺、伊、祀、鞭、铜、锤、叉、戈、矛十八般武艺。由此可见体育非物质文化遗产具有多样性，这种多样不仅体现在外在形式上，更是其产生时代历史背景的真实写照。这些形态各异的体育非物质文化是先辈们历代智慧的结晶，是人们追本溯源的依据，更是中华民族文化的重要组成部分。

第八，民族性。我国是由个民族组成的大家庭，由于民族、生活习惯、地理环境等不同因素的影响，各民族都有鲜明的民族特色，同时也形成了我国体育非物质文化遗产的民族性特点。目前，我国非物质文化遗产项目入选联合国教科文组织非物质文化遗产名录的有昆曲、剪纸、针灸、皮影、京剧等共 34 项。国家级非物质文化遗产名录中少数民族项目有朝鲜族的跳板、达斡尔族传统曲棍球竞技、蒙古族的搏克等。无论是从遗产项目还是从传承人来看，我国少数民族非物质文化遗产都占有重要地位，同时也体现出体育非物质文化遗产的民族性。

第九，专属性。文化遗产具有专属性和不可侵犯性。体育非物质文化遗产是某一地区或民族所特有的文化遗产，他们是该遗产最直接、最有效的保护者和传承者，是某一民族或地区历史事件的见证者，延续着其独特的民族文化和精神。这些专属的体育非物质文化遗产是民族的标志和象征，国务院颁布的国家级非物质文化遗产名录也是对民族文化专属性的肯定，为保护民族文化归属采取了有力的措施，增强了各个民族的归属感和认同感。

第十，娱乐性。非物质文化遗产与人们的生活密切相关，根据文献资料可知，体育非物质文化遗产的起源背景多是为了庆祝战争取得胜利、农家季节丰收、纪念盛大节日或英雄人物，但因地域和民族差异出现了不同的舞种和技艺。例如，舞蹈类，有的动作柔美节奏轻快，有的动作夸张豪放，这些肢体动作都是人们热爱生活的内心真实感受，是人们参加体育项目时自身情感的释放，这也充分地体现出体育非物质文化遗产的娱乐性。

# 第二节　科学普查体育非物质文化遗产
# 应遵循的原则

## 一、真实性原则

非物质文化遗产丰富多样，可以说是包罗万象，涉及社会中的各个领域。在国家对非物质文化遗产保护热潮下，全国各地也随之响应，不同类别的非物质文化遗产申报工作也陆续展开。对于申报者或单位来说，要严格遵守非物质文化遗产的真实性原则，做到不虚报、不做假、实事求是地汇报现实情况；对于审核者或审核部分来说，对申报项目要进行科学评价、严格把关，做到仔细审查，坚决打击弄虚作假；对非物质文化遗产普查者来说，必须参与到调查对象中去，直接调查获取第一手资料，对普查项目的历史沿革、文化内涵、组织形式等进行系统的记录。身临其境，融入其中，这样才能使视野更加宽广，对其本质了解得更加透彻，更加真实。

## 二、客观性原则

非物质文化遗产都有其各自的存在形式，在社会生活中发挥着不同的功能和作用。这些遗产蕴含着不同国家、不同地域、不同民族的精神信仰和文化内涵，是国家和民族的象征。客观准确地呈现非物质文化遗产，不仅是对文化本身的认同，更是对一个国家、地域、民族的尊重。非物质文化遗产普查人员在挖掘、调查、取证、整理、记录时，应坚持不杜撰、不凭空想象，不人为删减、实事求是、客观呈现原则，详细、准确、客观、全面地呈现该文化遗产的原始形态。客观地呈现非物质文化遗产，是深入阐释和激活民族精神的有效文化资源，发挥其认识历史的作用，为人们全面自由的发展、构建和谐社会、提高国家文化软实力和竞争力提供了最可靠的保障。

## 三、完整性原则

完整性原则是非物质文化遗产传承与保护过程中应遵循的重要原则。

非物质文化遗产与民族、地域、环境是息息相关的，只有深入了解民族信仰、地理环境，才能准确地把握文化的内涵。文化的记录和整理应追求记录的整体性，而不是七零八落、支离破碎、零零散散的文化片段。文化事象的缺失、关键细节的遗漏都将会使调查结果和结论出现非科学化，导致非物质文化遗产丧失其应有的科学价值。深厚的文化底蕴是国家实力的象征，追求文化的完成性，准确地把握文化传承的脉络，明确其内涵，是探索非物质文化遗产保护和传承的科学基础。

就拿体育舞蹈来说，舞蹈表演人数记录含糊不清，就不能了解舞蹈表演过程中的队形变化，失去舞蹈编排价值；舞蹈表演时间记录不详，就不能弄清其举行的本质含义，失去节庆价值；舞蹈风格记录不准确，就不能体会舞者内心世界，失去美学价值。文化环节的任何缺失，都能影响或改变文化的本质和内涵，对一个国家、一个民族来说是不可弥补的巨大损失。

## 四、活态性原则

非物质文化遗产在人们日常生活中是鲜活存在的，活态主要是指存在方式。受地方政治、经济、文化的影响，非物质文化遗产原有的生存环境不可避免地遭到破坏，致使其不得不更换和适应新的环境，也正因为非物质文化遗产的活态性才使之在当今经济和文化的双重冲击下生存至今。此外，文化活态性原则也凸显出文化的多样性。将物质文化遗产与非物质文化遗产进行对比能更好地理解活态的含义，物质文化遗产保护实物就是保护遗产最直接、最有效的方法，实物是不可替换的，一旦消失或破坏就影响了其本身的价值；而非物质文化遗产是通过人或物为载体而传承的文化遗产，是无形的，不可见的，但这种文化遗产在传承过程中的技艺和动作是可见的，人或物只是遗产传承延续的途径，人和物都是可更换的，可替代的，不是唯一的，传承方式是活态的。对非物质文化遗产进行保护归根结底是保护通过传承人表现的舞蹈、技艺等活态文化。

# 第三节　民族传统非物质文化遗产保护的原则

随着全球化趋势和现代化进程加快。本着对历史负责和维护国家文化安全的需要，我国政府制定了非物质文化遗产保护的相关政策，在全国范围内开展了非物质文化遗产保护工作。非物质文化遗产植根于人所处的时空、周边环境和人类活动之中，它是历代先民创造的极其丰富和珍贵的文化财富，是一个民族的民族精神、民族情感、个性特征以及凝聚力与亲和力的重要载体。同时它也是民族智慧与文明的结晶，是人类的文化命脉。它包含着人类的情感，蕴藏着人类文化的根源，保留着形成民族文化的原生状态以及其特有的价值观和思维方式。所以，不同民族的非物质文化遗产都具有不可估量的意义和价值。体育非物质文化遗产所包含的武术、竞技运动、表演项目等无不有着历史和时代的烙印。这些多姿多彩的体育非物质文化是全人类的共同财富，继承和发展各民族的体育非物质文化遗产是人类共同的责任。

《保护非物质文化遗产公约》中指出：保护指采取措施，确保非物质文化遗产的生命力，包括这种遗产各个方面的确认、立档、研究、保存、保护、宣传、弘扬、传承（主要通过正规和非正规教育）和振兴。我国正在认真贯彻保护为主、抢救第一、合理利用、传承发展的工作方针，切实做好非物质文化遗产的保护、管理和合理利用工作。体育非物质文化遗产保护要兼顾诸多因素，实现非物质文化遗产多层次、多维度、立体性保护。因此，体育非物质文化遗产保护必须遵循以下原则：

## 一、真实性原则

国务院办公厅《关于加强非物质文化遗产保护工作的意见》中强调，坚持非物质文化遗产保护的真实性和整体性，在有效保护的前提下合理利用，防止对非物质文化遗产的误解、歪曲或滥用。进入非物质文化遗产保护的项目应该是原生的、真实的文化遗存，绝不容许存在虚假、不真实的部分。真实性不仅是项目本身的真实性，也包括体育非物质文化遗产保护的各个环节，包括遗产保护工作的各个方面，如遗产的确认、立档、研究、保存、宣传、弘扬、传承，都要真实、准确、客观地反映遗产项目的情况。

## 二、整体性原则

国务院办公厅《关于加强非物质文化遗产保护工作的意见》中强调坚持非物质文化遗产保护的整体性。一项文化遗产要与自然环境密切结合，才能反映出遗产项目的文化内涵。体育非物质文化遗产语境下整体性原则包含两层含义：一是保护体育文化遗产所拥有的全部内容和形式，这是从体育文化遗产项目的完整性角度而言的；二是保护体育非物质文化遗产所处的自然环境、生态环境、人文环境和相关的制度、习俗等内容，这是从整体式文化与环境之间的和谐共存而言的。

## 三、创新性原则

体育非物质文化遗产是一种生命的存在，它不可避免地在与自然、社会、历史的互动中不断发生变化。体育非物质文化遗产要想在当今时代的环境中生存，必须吐故纳新、顺应同化、自我调节。因此，确保体育非物质文化遗产的生命力，就其自身而言，关键是保护和激发它的创新能力。在保护与传承过程中，要结合时代特色，融入时代精神。在这种变化过程中，只要其基本的原理始终保持着项目的特征，其表现形式可以有所改变。

## 四、政府主导、民间参与原则

体育非物质文化遗产的保护要有资金支持，这是无可非议的。在体育非物质文化遗产保护过程中，政府投资肯定是占主导地位的。但是，对于庞大的中国非物质文化遗产资源，光靠政府资金的投入是远远不够的，还必须要拓宽投资渠道，鼓励和允许民间资本进入非物质文化遗产保护领域。通过拓宽融资渠道，补充非物质文化遗产保护和研究的经费。所以，在体育非物质文化保护中应遵循政府投资为主、民间资本参与的原则。

## 五、依法保护原则

有法可依是体育非物质文化遗产传承和发展的前提条件，要有效保护体育非物质文化遗产就必须有切实可行的法律保障。对体育非物质文化遗产的传承、保护、开发包括非物质文化遗产旅游开发项目在内的文化产业项目等要遵循相关的法律法规，做到以法兴业、以法治业，避免文化产业发展与文化保护目标的冲突，实现文化产业健康有序的发展。

# 第四节　民族传统体育非物质文化遗产保护的
# 相关途径

2003 年 10 月 7 日，联合国教科文组织第三十二届会议正式通过《保护非物质文化遗产公约》，该公约第 13 条规定：为了确保其领土上的非物质文化遗产得到保护、弘扬和展示，各缔约国应努力做到：

第一，制定一项总的政策，使非物质文化遗产在社会中发挥应有的作用，并将这种遗产的保护纳入规划工作；

第二，指定或建立一个或数个主管保护其领土上的非物质文化遗产的机构；

第三，鼓励开展有效保护非物质文化遗产，特别是濒危非物质文化遗产的科学、技术和艺术研究以及方法研究；

第四，采取适当的法律、技术、行政和财政措施。以便：a、促进建立或加强培训管理非物质文化遗产的机构以及通过为这种遗产提供活动和表现的场所和空间，促进这种遗产的传承；b、确保对非物质文化遗产的享用，同时对享用这种遗产的特殊方面的习俗做法予以尊重；c、建立非物质文化遗产文献机构并创造条件促进对它的利用。

根据联合国教科文组织的要求和规定，目前我国已经建立了中国非物质文化遗产研究院，在各地区设立了地区级非物质文化遗产研究中心，对非物质文化遗产进行挖掘、整理、保护和研究。从 2006 年起，每年六月的第二个星期六为我国的文化遗产日，每年的活动主题都有所不同。2011 年 6月 1 日开始实施的《中华人民共和国非物质文化遗产法》为我国体育非物质文化遗产保护提供了法律依据，一些地方相继出台了非物质文化遗产保护条例。目前，我国对体育非物质文化遗产保护做了大量的工作，其工作也越来越科学、越来越深入。保护途径主要有以下几种：

## 一、博物馆式保护

随着人类对文化遗产的认识日趋深刻，非物质文化遗产逐步进入博物馆的保护视野之中。虽然近年来我国对非物质文化遗产的保护取得了一定的成效，但从长远来看，还要充分发挥遗产保护界唯一的永久机构——博物馆的作用，加大对非物质文化遗产的保护力度。博物馆在有形文化遗产的保护和研究方面的丰富经验，有利于体育非物质文化遗产的保护。专家们认为博物馆应该成为体育非物质文化遗产收藏的主要部门，而博物馆的体育非物质文化遗产保护工作就是收藏、诠释和展出。

## 二、产业化保护

在体育非物质文化遗产保护过程中，通过产业化的手段寻找体育非物质文化遗产在当下新的环境中传承与传播的市场空间，并依托市场扩大规模与集聚资金，以实现非物质文化遗产保存、传承与发展的良性循环。如：中国传统武术。少林寺武僧通过表演少林功夫，达到弘扬中华传统文化的目的。不仅在少林地区受到游客的赞扬，而且还将少林武术传播到国外，表演团先后出访过美国、英国、法国、德国、瑞士、希腊、卡塔尔等，并经常选派优秀队员到国外进行武术教学。

## 三、施予式保护

国家出于加强民族认同和文化建设的目的，提供资金，并组织文化工作者深入民间，通过笔录、图片、影音等方式，将民间的传统文化记录下来，并加以整理、出版，使之得以较为完整的保存。

## 四、传承人保护

体育非物质文化遗产是无形的、抽象的，它必须依附于人将其形式体现出来。人作为体育非物质文化遗产传承的主体尤为重要。保护传承人，其实也就是将这个体育非物质文化遗产项目传承了下来。如：在非物质文化遗产中，一把古琴，声音再怎么悦耳，如果没人把它弹奏出来，同样体现不出它的价值。

# 第五节　民族传统体育非物质文化遗产保护的研究理论

## 一、马克思生活哲学

马克思主义哲学语境下的现实生活，有其深刻而独特的本质规定，由此构成马克思主义哲学生活视域的基本内容。合理地揭示马克思哲学的生活范畴之本质属性就成为理解和发展马克思主义哲学的重要理论任务。在马克思看来，生活是一个辩证的物质性过程。马克思说："人们为了能够创造历史，必须能生活。但是为了生活，首先就需要衣食住行以及其他一些东西，因此第一个历史活动就是生产满足这些需要的资料，即生产物质生活本身。"

作为马克思一生重大发现的唯物史观，其唯物性并非指社会生活中的物质现象，或者物质过程，而是这种现象与过程内在的、必定要发生的、不以人们意志为转移的物质关系，即历史规律性。这是理解马克思主义生活哲学的理论根本点之一。马克思认为意识本身并不能构成什么，它们没有历史，没有发展，而发展着自己的物质生产和物质交往的人们，在改变自己的这个现实的同时也改变着自己的思维和思维的产物。不是意识决定生活，而是生活决定意识。

历史本体论有一个最重要的观点——历史建理性，经验变先验，心理成本体。

李泽厚认为，人生的前提，根本是作为肉体的人的存在、作为物质的人的存在。因此，他的哲学被称为活命的哲学。李泽厚认为，在当代，劳动是第一位的，活着是第一位的。只有当社会发展到一定阶段，人类进入心理本体的时代，活着不是第一位的，愉快才是第一位的，而人类由工具本体向心理本体发展的过程是人类解放的过程，是历史演进的过程，这个过程伴随着强大的经济发展过程，因而也是遥远的过程。由此，我们可以看到马克思哲学的生活与文化间深刻的辩证关系。

历史本体论的核心思想有三点：首先，马克思哲学是一种生活哲学，因为人首先要生存，人要吃穿住行，人首先要作为自己生存的工具去活着。因此，任何一种文化的传承都不能离开生活，任何一种与生活相脱离的传承方式与路径都将以失败告终。其次，千百年来人类从一种生活实践走向另一种生活实践，无不是在原有基础上的继承与创新，形成了千差万别的文化样态。由此，民族传统体育文化传承的核心思路就是从生活到生活。新的生活是对原有生活的创造性转化，既包含生存理性，也包含功用理性。最后，民族传统体育文化传承要把握马克思主义理论应用的规律。传统认为只有理论才是学问，却忽视了理论的实际应用也是一门学问，而且是一门科学、一门艺术，是关于理论由知识形态向实践形态转化的科学。

## 二、互动理论

人类群体被认为是由参与行动的人所组成的。这些行动由个体在生活中与他人相遇并应付他们所面临的接连出现的情境时所进行的众多活动组成。个体可能单独行动，可能集体行动，也可能代表由他人组成的某个组织或群体行动。这些活动属于行动中的个体，并总是由他们根据自己所处的必须采取行动的情境而进行下去。这一简单和确实冗长的特征描述的含义在于，从根本上来说，人类群体或社会存在于行动之中，并且必须根据行动来加以看待。对任何有意从经验角度来对待和分析人类社会的方案来说，这种把人类社会描绘成行动的做法，都必定是起点（而且也是归宿）。以其他方式描绘社会的概念方案，都只能是派生自构成群体生活的连续活动的复合体（complex）。当代社会学中关于社会的两种主导概念——文化概念和社会结构概念——都是如此。文化作为一种概念，无论是界定为习惯、传统、规范、价值、规则，还是类似的其他什么，显然都派生自人的活动。同样，社会结构的任何一方面，不论是表现为社会地位、身份、角色、权威，还是声望，指的都是从人们针对他人而采取行动的方式中所衍生出来的关系。

任何一种人类社会的生活，都必然包括一个协调其成员活动的连续过程。正是这一连续活动的复合体建立并描绘了结构或组织。

关于人类社会的任何一种经验取向的研究方案，无论它是怎样衍生出来的，都必须尊重这样一个事实，即人类社会自始至终都是由参与行动的人组成的。一个研究方案要想在经验上有效，它就必须与人类社会行动的性质相一致。

互动论的研究思路把人类社会看作生活着的人们。这种生活是一个持续不断的活动过程，在这个过程中，参与者在它们所遇到的众多情境中不断地发展各种行动。他们被卷入一个庞大的互动过程，在这一过程中，他们不得不使彼此不断发展的行动相互适应。这种互动过程包括：就做什么向他人作出指示，以及由他人对这些指示做出释义。他们生活在客体的世界之中，并在取向和行动上受这些客体的意义的引导。他们的客体对象，包括他们自己这种客体，在他们彼此的互动过程中得以形成、维持、削弱和转化。当然，应该看到这个一般过程必然具有一种明显的特征，因为人们聚集于不同的群体之中，属于不同的联合体并且占据不同的位置，因此他们以不同的方式相互对待，生活在不同的世界里，并用不同的意义引导他们自己。但无论人们是在分析一个家庭、一支职业足球队、一家篮球俱乐部还是一个政党，他们都必须把集体的活动视为通过一个指称和释义的过程而形成的。

## 三、和合论

中国传统哲学最早提出的是和。《说文解字》解和为：和，相应一也。即不同事物之间的相互配合，和谐一致。中国传统哲学的精髓即和合，和合的主旨是讲共生，新生命的产生，强调共存、共生。和合不是否定矛盾，它承认冲突，但这种冲突必须经过融合才能新生。和合是事物的根源，也是一种存在方式，也是一个过程。冲突与融合、汰劣与择优、烦恼与快乐都是和合作用的表现。孔子讲"君子和而不同""礼之用，和为贵"，中庸是孔子学说中最基本的特征，孔子教育哲学的鲜明特色就是执两用中的思想方法。

马克思的唯物辩证法侧重的是对立性和否定性原则，而和合辩证思维强调的是和合性原则。我们认为仅讲二元对立是不对的，无论是社会发展还是教育变革，都要讲辩证法，既讲对立亦要讲统一，要循序渐进，不能走极端，搞激进的变革，要多讲结合与互补。继承和改造和合辩证思维对于开拓人们的辩证视野，真正树立科学辩证思维方式具有重要意义。和合辩证思维作为一种朴素形态的辩证思维，代表了东方的智慧特征，在统一的人类辩证思维的发展史上占有不可替代的独特地位。这充分表现在它从一个特定的视角出发，运用一套特有的概念、范畴、原则和方法，集中论述了阴阳矛盾即对立面之间统一、同一、和谐、协调、平衡、互补、有序的关系，丰富和拓展了人们的辩证思维。民族文化发展的历史既是批判创新的历史，又是继承综合的历史。文化传承的思想发展到今天已经超越了两两对立、水火不容或分道扬镳、互不相干的历史，进入了不同的文化思想之间既相互对立又相互兼容，既相互批判又相互吸收的新阶段。

笔者认为，和合论对当今时代如何研究少数民族传统体育文化的方法论的意义在于：第一，尊重少数民族传统体育文化的多样性。正所谓"和实生物，同则不继，以它平它谓之和，故能丰长而物归之，若以同裨同，尽乃弃矣"（《国语·郑语》）。正如费孝通所言，少数民族传统体育文化的传承和西方竞技体育的关系应该是：各美其美，美人之美，美美与共，天下大同。第二，少数民族传统体育的文化传承要有整体观，不能把一种文化从生活中剥离出来。如果这样，文化的传承也将成为无源之水，无本之木，失去存在的根基与土壤。

## 四、自组织理论

自组织理论是 20 世纪 60 年代末期开始建立并发展起来的一种系统理论。它的研究对象主要是复杂自组织系统（生命系统、社会系统）的形成和发展机制问题，即在一定条件下，系统是如何自动地由无序走向有序，由低级有序走向高级有序的。自组织理论是一个理论群，由耗散结构理论、协同学突变论和超循环理论等理论组成。自组织理论以新的基本概念和理论方法研究自然界和人类社会中的复杂现象，并探索复杂现象形成和演化的基本规律。从自然界中非生命的物理、化学过程怎样过渡到有生命的生物现象，到人类社会从低级走向高级的不断进化等，都是自组织理论研究的课题。自组织的核心概念是自组织。协同学的创始人哈肯给自组织下过一个经典的定义，他说："如果系统在获得空间的、时间的或功能的结构过程中，没有外界的特定干扰，则系统是自组织的。"事物大体分为组织与非组织两类，具有有序结构的群体是组织，否则为非组织。组织又分为自组织与他组织两个子类，自组织与他组织相比较而存在，自组织理论对本研究的启示是：①民族传统体育的传承过程是自组织—他组织—自组织的发展过程；②民族传统体育的传承目标是阻止、减缓少数民族传统体育文化向无序、结构瓦解方向发展的过程；③民族传统体育文化传承主要面临的问题是他无序的状态。

## 五、文化变迁理论

文化变迁是人类学关注的主要课题之一。一般来说，文化变迁主要是指文化的内容和形式、功能（意义）与结构乃至于任何文化现象或文化特质，因内部发展或外部刺激所发生的一切改变。人类学认为文化的变迁是文化的常态现象。威廉·奥格本提出文化滞后理论。文化滞后理论包括以下内容：①至少有两个变量；②这二者是协调的；③在某个时间，一个已经变迁而其他没有变迁，或者一个比其他变化得快；④当一个变量比其他变量变迁得快时，他们不如以前那样协调。威廉·奥格本还使用了自变量、因变量的说法，将率先发生变化的科学发现或技术发明等物质文化称为自变量，社会组织或意识形态等适应文化作为因变量。最后威廉·奥格本对文化滞后理论作了概括：文化滞后是指相互联系的各部分，各自独立的率先变化或滞后。自变量包括技术、经济、政治、意识形态以及其他一些东西。当变化的时间和程度不平衡引起相互联系的各部分关系紧张，换句话说，相互关系减弱时，就称之为文化滞后。文化滞后理论的适应程度要根据文化各部分关系是否密切而定。

## 六、解释人类学理论

解释人类学以深描的民族志的方法将文化样本放置在流动的生活样态

中，寻求文本背后的文化意义，从而将解释的不确定性和生活的不确定性并置于学术研究中，扩大了文化解释的空间。其深度描写方法透视的细枝末节的文化变化有助于理解文化变迁的动态过程。在达瓦孜的研究中可运用深描这一方法，深描和文化变迁在动态展示上具有契合点，而且在地方性文化研究中，解释人类学在尊重他文化的前提条件下坚持了文化多样性的学术立场，并将生活本质和研究的终极关怀紧密联系在一起，不再使生活剥离于文化研究的范畴。

# 第六节　民族传统体育非物质文化遗产保护与传承对策

民族传统体育非物质文化遗产凝结、保留和传递一个民族的历史记忆、情感、经验和智慧，是构成民族精神家园的不可或缺的重要源泉，是民族文化的基因、民族的精神植被与灵魂根脉，也是我们建设中国特色社会主义先进文化的重要基础。经济全球化和现代化所带来的种种挑战，使得民族传统体育非物质文化遗产的生存环境急剧恶化，面临不断毁坏与消失的危机，因而抢救和保护这些文化遗产便成为国家文化建设的当务之急，是历史赋予我们的崇高责任，是时代赋予我们的重大使命。

## 一、树立可持续发展的战略指导思想

民族传统体育非物质文化遗产重在保护，贵在发展，其战略指导思想实际上是指可持续发展的实践指导思想，它主要包括：

第一，政府主管部门应在体育非物质文化遗产管理、人才培养、资金投入等方面提高重视程度，在思想、方法、科技和可持续发展道路中探索一种适合湖南省地方发展的体育非物质文化遗产的管理模式，努力协调好体育非物质文化遗产保护和发展的关系。

第二，在体育非物质文化遗产资源保护与经济建设和旅游开发中，遵循

"保护是前提，发展促保护"的原则，按照"严格保护、统一管理、合理开发、永续利用"的方针，完善体育非物质文化遗产的管理机制，对体育非物质文化遗产实现有效保护和合理利用。

第三，制定和完善相关法律法规，构建体育非物质文化遗产法律体系，以利于有效地保护体育非物质文化遗产资源，同时也完善非物质文化遗产保护教育体系，为世界非物质文化遗产保护和发展提供借鉴。在学校开设相关课程，普及体育非物质文化遗产知识，增强公众对体育非物质文化遗产的保护意识，培训体育非物质文化遗产保护和开发管理人员。

第四，在商品经济的冲击下，避免发生体育非物质文化遗产超载和错位开发的情况，合理开发利用相关资源，带动国家和地区的文化、经济和旅游业的可持续发展，从而使体育非物质文化遗产资源走向保护与开发良性循环的轨道。遵循立足保护、科学规划、合理开发和永续利用的原则，通过统筹规划，有组织、有步骤地抓好体育非物质文化遗产的保护和发展，从而促进我国的经济和文化建设、社会的协调和可持续发展，开文化发展的新局面，使得体育非物质文化遗产"永葆青春"。

第五，以保护自然为基础，与资源和环境的承载能力相协调。

第六，承认自然环境的价值，保护文化遗产的原真性和活态性。

第七，要从长远出发，促进体育非物质文化遗产长期、自然地协调发展。

## 二、健全体育非物质文化遗产保护的工作机制

要想全面、科学、准确和系统地保护好体育非物质文化遗产，不但需要借鉴其他国家抢救、保护人类文化遗产的成功经验，而且需要根据实际情况发展创新一整套有效的保护工作机制，采取一系列的措施，有力地改善体育非物质文化遗产赖以生存的社会环境和条件，逐步健全动态的、持续发展的保护传承体系。

### （一）建立良好的决策机制

各级政府要建立相应的领导机构，通过建立体育非物质文化遗产保护工作联席会议制度等形式，统筹协调保护工作中的重要事项。健全省、市、县三级责任明确、运转协调的保护工作机制，按照分级负责、以县为主的工

作原则，一级抓一级，层层抓落实。各级文化行政部门要充分发挥主管部门的职能作用，搞好体育非物质文化遗产保护和传承的综合协调工作。

## （二）建立多元投入机制

坚持国家、集体、个人一起上，多渠道、多层次、多方位筹集保护资金。要坚持政府保护与社会保护相结合，政府财政投入与社会资金投入相结合，调动社会各方面的积极性。各级政府要将体育非物质文化遗产保护经费纳入本级财政预算，予以保障。县级以上地方政府应设立体育非物质文化遗产保护专项资金，用于体育非物质文化遗产资源普查，抢救濒危的体育非物质文化遗产，对体育非物质文化遗产传承人的培养和补助，对民族民间艺术传承单位、民间艺术生态保护区和民族民间艺术之乡的资助，举办民族民间艺术活动，开展民族民间艺术项目的保护和研究，民族民间艺术珍贵资料和实物的征集与收购，支持保护试点工作的开展等非物质文化遗产保护的其他事项。制定和运用政策，鼓励社会上的各类投资主体向体育非物质文化遗产保护投资，引导社会生产力要素向有利于体育非物质文化遗产保护的方向流动。

## （三）建立依法保护机制

保护体育非物质文化遗产需要相应的法律和规章，促进保护工作走上法制化的轨道，促进全社会形成自觉保护非物质文化遗产的意识，促进保护工作科学、规范、有序。我国的非物质文化遗产保护只有个别单项条例和地方性条例。尽管我国在2004年正式加入联合国《保护非物质文化遗产公约》，但我们还应该尽快建立自己的法律制度，从法律和制度的角度保护珍贵的非物质文化遗产资源。健全法律法规体系，包括全国性和地方性法规、行政和民事法规、综合性和单项性法规。省、市、县三级都应结合实际，抓紧建立和完善各项有关制度，形成科学有效的机制。各级政府特别是要对已经立项的代表作采取切实可行的、具体的保护措施，以保证该项非物质文化遗产及其智力成果得到保存、传承和发展。体育非物质文化遗产代表作，是在一定范围内有较高知名度和信誉的品牌，代表着其赖以驰名的丰富内涵和综合竞争力，因而应受到法律相应的保护。长兴百叶龙、临安水龙进行了商标注册，开始了在非物质文化遗产代表作保护工作方面的探索性实践。就体育界而言，更要力推和传统体育相关的非物质文化遗产保护法规的出台，以为保护体育的非物质文化遗产提供有力的法律保障。

## 三、进一步完善管理体制

体育非物质文化遗产保护是一项艰巨的系统工程。因此，必须把它视为在特定生态环境中有生命的活态存在，努力构建一个为维护和强化其生命的包括法规、管理、体制机构在内的科学的非物质文化遗产保护体系。要以科学发展观为指导，根据民族民间艺术保护的需要，省、市、县三级分别制定本辖区保护工作专项规划，并将体育非物质文化遗产保护目标纳入各级政府的国民经济和社会发展中长期规划和年度计划。

### （一）建立传统体育非物质文化遗产保护机构

体育非物质文化遗产保护工作不是一蹴而就的，必须要有一个全面的规划与通盘考虑。我国历史悠久、地域辽阔、民族众多，体育非物质文化遗产的内容丰富，形态不一，各类传统体育项目的发展历史和现实状况较为复杂，现今的存在与流变状况也不同。此外，人力、财力、物力资源也有限，如果不能科学规划、分类统筹、区别对待，就不可能在结合实际的情况下，使保护工作做到实事求是和有现实的针对性。另外，国家和各级政府部门应建立专门组织，建立名录体系，逐步形成有中国特色的非物质文化遗产保护制度，通过政策引导的方式，保护和传承体育非物质文化遗产。例如，政府每年拨出一定经费以补贴杰出的文化遗产传承人，通过国家命名的方式吸引传承人，以带徒授业的方式拴住传承人，等等。同时，还应该建立传统体育非物质文化遗产项目的保护场馆，如民俗风情馆、传统体育博物馆等，亦可更好地保护和弘扬民间体育文化。

### （二）健全体育非物质文化遗产保护的管理和参与体制

体育非物质文化遗产保护涉及三大主体：一是政府，二是社团组织，三是族群、民众。处理协调好三者之间的关系，建立起符合体育非物质文化遗产保护特点的体制和机制，是做好体育非物质文化遗产保护工作的基本前提。因此，我们必须坚持"政府主导，社会参与""明确职责，形成合力"的工作原则，真正使保护工作落到实处。

## 四、以人为本，尊重创造

人是文化的主体，是文化的传承者，传承人保护和培养是体育非物质文化遗产传与承的重要环节。非物质文化遗产传承的核心在人，关键在人，载体也在人。应探索优化非物质文化遗产代表性传承人的管理模式，着力解决保护传承实践中面临的新问题，构建更加科学合理的保护传承体系。从项目分布来看，农村是体育非物质文化遗产的主要聚集地，传承人生活水平的好坏直接影响体育非物质文化遗产项目的传承与发展，特别是那些生活环境艰苦的项目传承人，政府应给予适当的资金补助，为项目传承人建立传承环境和基础，改变传承人心有余而力不足的现状。从 2008 年起，国家每年给予国家级传承人 1 万元补助资金，资助其用于项目保护和传承工作。尽管如此，传承人老龄化日益成为困扰非物质文化遗产传承发展的突出问题。近些年，各地越来越重视抢救整理非物质文化遗产项目的相关资料。对濒危项目，要进一步加大人力和财力的投入，以录音、录像、图书等方式，尽快整理出一批资料。同时，政府要为传承人开展传习活动提供场所。目前，非遗的国家、省、市、县 4 级保护体系逐渐建立，但是传承人的结构还比较脆弱。申报传承人，采用的是逐级申报制度，即要申报国家级传承人，首先必须是省级传承人。由于有些项目梯队建设不完善，一旦国家级传承人去世，无人递补，将影响项目的保护和传承。在日本、韩国这些非物质文化遗产保护较好的国家，每项非物质文化遗产都有专家进行跟踪性研究，想方设法地使其保存并传衍。每一项非物质文化遗产都弥足珍贵，其传承面对各自不同的现实问题。我们可以借鉴日韩的经验，组织专家参与每一项非物质文化遗产的保护与传承。

要完善非物质文化遗产代表性传承人的管理机制：一是要"公平"。要解决当下存在的评上以后传与不传一个样的问题，建立非物质文化遗产代表性传承人"有进有退""能者进庸者退"的新机制，同时规范评审、公示、公布等行为，确保进者有理、退者有据，保障好每一名非物质文化遗产传承人的合法权益。二是要"管严"。各级文化主管部门要肩负起管理主体的职责，对非物质文化遗产代表性传承人进行绩效考评，设定科学合理、可量化、好操作的绩效考核指标,既不过分严苛,也不似有实无,用绩效考核来规范传承行为、保障传承效果。三是要"拔高"。要通过各种手段激励、宣传非物质文化遗产代表性传承人,使他们拥有更崇高的公众形象、更广泛的社会影响、更实在的文化价值,成为真正意义上的"文化符号",提高传承积极性。四是要"用好"。在切实履行传承职责前提下,不断丰富非物质文化遗产代表性传承人参与传承的形式,真正做到"传承为本,因人制宜",实现非物质文化遗产的长久传承与不断发展。

非物质文化遗产的保护归根到底是对传承制度、传承环境和传承人的保护。传承人的调查与认定是重中之重,已成为 21 世纪非物质文化遗产保护的一个重点。在调查的基础上尽快制定法规,加强管理,保障传承人的合法权益,给他们合法的"身份保障""物质保障"和"精神保障"。与此同时,体育非物质文化遗产的保护与实施,还需要有一支专门的队伍来完成,组织一批熟悉非物质文化遗产保护业务的人员,作为专职队伍团结高等院校、科研机构、社会团体等方面的专家,建立一支业务素质好、年龄和专业结构合理的非物质文化遗产保护队伍。特别是要培养一批非物质文化遗产的搜集者、记录整理者和研究者,从而使我国的优秀传统体育非物质文化遗产得以保护与传承。

随着民间老艺人年事已高,一些依靠口授和行为传承的文化遗产正在不断消失,许多传统技艺濒临消亡。逐步建立科学有效的非物质文化遗产传承机制,使优秀的民族民间文化在流传中发展是当前紧迫的任务。要抓紧确立一批非物质文化遗产代表作的传承人和传承基地,让优秀文化遗产薪火相传,不断增强其生命力。

对列入代表作名录的代表作传承人的保护要创新思路和工作方法,可采取享受政府艺术津贴、授予民间艺术家称号、资助有关历史资料的抢救和整理、鼓励带徒传艺、举办相关传习活动、在专业技术职称评审等方面享有与国家文化事业单位人员同等权利、加强知识产权保护等方式,尊重和彰显代表作传承人对中华文化的创造和贡献。优秀传统体育文化作为无形文化遗产,只有在现实生活中才能流传和发展。要通过社会教育和学校教育,使非物质文化遗产作为活的文化传统在相关社区尤其是青少年中得到继承和发扬。中小学、职业学校等应开设体育非物质文化遗产保护课程，培养青少年对非物质文化遗产的了解和情感，提高对中华文化整体性和历史延续性的认识，同时造就一大批非物质文化遗产的传承人。要通过继承发展，满足广大群众日益增长的精神文化需求；要通过合理利用，扩大保护工作的影响力和吸引力。要充分发挥民间艺人、文化能人在活跃农村文化生活、传承发展民族民间文化方面的作用。坚持以人为本，尊重劳动、尊重知识、尊重人才、尊重创造，从政策上促进、从制度上保证非物质文化遗产传承人和民间艺术家的创造活力，使一切有利于展现中华民族文化和地方文化的创造愿望得到尊重，创造活力得到支持，创造才能得到发挥，创造成果得到肯定。鼓励和支持其他社会阶层的成员积极参与非物质文化遗产保护事业，在全社会形成抢救、保护与传承优秀民族民间文化的良好风尚，充分激发全社会共同创造、积累、传承优秀民族民间文化的热情。

## 五、加强体育非物质文化遗产理论研究

体育非物质文化遗产是 21 世纪非物质文化遗产理论研究的一个新兴课题。在我国，对体育文化遗产的理论研究，目前尚处于起步阶段。2005 年 3 月国务院办公厅发布的《关于加强我国非物质文化遗产保护工作的意见》（以下简称《意见》）强调，要充分发挥非物质文化遗产对广大未成年人进行传统文化教育和爱国主义教育的重要作用，广泛开展非物质文化遗产的宣传展示和普及教育活动。从国家战略的现实需要出发，《意见》充分表明了我们党和政府对保护中华民族非物质文化遗产的高度重视，这必将有力地促进我国年轻一代对我国文化的认同，极大地推动年轻一代对我国非物质文化遗产的了解、保护和传承。现在人们对体育非物质文化遗产的认识理解还处于认知阶段，根据国家非物质文化遗产研究保护工作取得的一些经验成果，加大了对民族传统体育非物质文化遗产的挖掘保护工作，同时将加强有关民族传统体育项目的理论实证研究，并有针对性地设置有关民族传统体育的重点研究课题，广泛发动全国体育理论界、传统文化理论界、史学界的专家、学者，从体育人类学、民族学、历史学、文化学、哲学、法学等多学科的角度，对体育非物质文化遗产的相关理论实证问题进行系统、深刻

的研究。

从我国高等体育院校和体育系现行的民族传统体育专业课程设置来看，高等教育还基本处于知识"普及"的阶段，没有关于体育非物质文化遗产保护的内容。当前，虽然我们具备了各种高科技的保护手段，但是缺乏理性的、系统的体育非物质文化遗产的教育意识。因此，我们应积极地开展体育非物质文化方面的教育，特别是要把民族传统体育非物质文化遗产纳入教育体制，通过家庭、社会与学校等多种教育机制，把丰富而独特的体育非物质文化进行有效的、系统的、科学的传播，从而提高我们中华民族的整体素质。这样才能真正解决好保护、传承体育非物质文化遗产中出现的各种问题和困难，为体育非物质文化遗产的发展营造一个良好的、持续有序的环境。

## 六、让校园真正成为保护和传承体育非物质文化遗产的主阵地

非物质文化遗产走进校园，可以充分发挥学校在非物质文化遗产教育和传承中的积极作用，增强青少年对非物质文化遗产保护的传承意识，推动优秀传统文化在校园的普及和传承。通过开展"非遗进校园"活动唤醒广大青少年的文化自觉，让青少年在感知、体验中了解本地区、本民族的历史文化，近距离感受中国灿烂传统文化的魅力，提升民族自豪感和自信心，激发爱国爱家乡的热情，在传统民间文化中，培养对传统民间文化的兴趣，主动学习、传承、弘扬，成为具有传统文化根基的人，是"非遗"保护的重要途径。除了在全省开展"非遗演出进校园"、"展览进校园"等系列活动外，还将通过"大学生非物质文化遗产辩论赛""在杭高校大学生龙舟赛""走访传承人"等活动，让"非遗走进校园"与"大学生走出校园体验非遗"相结合，普及非物质文化遗产知识，增强非物质文化遗产保护意识，凝聚大学生对非物质文化遗产的共识。通过"非遗进校园"、第二课堂和课本，对代表性传承人实施年度政府津贴制度，对有突出贡献的给予奖励，配套建设工作室、传承基地和传承教学基地。如余杭区社区学院传承的民间舞蹈余杭滚灯；中泰武校多年来一直致力于余杭滚灯、中泰狮子等非物质文化遗产项目的

传承和发展；余杭区鸬鸟中心小学传承的是鳌鱼灯；余杭区闲林中心小学学生传承的是流星；五常中心小学传承的是五常十八般武艺。但是，这样的传承不只是追求面子上的工作，要让校园真正成为传承非物质文化遗产的主阵地。

## 七、优化发展环境资源

联合国教科文组织也曾经在有关民族民俗活动和传统节庆活动的保护中提到"在原始氛围内保存民族传统活动，使其充满活力"。相当一部分民族传统体育项目的失传与其生存环境的变化有直接的关联。优化发展环境，是适应体育非物质文化遗产发展形势变化的必然要求；是保持良好发展态势的迫切需要。第一，环境是生产力。没有优良的环境就没有发展的可持续。环境是资源的组成部分，环境本身就是重要的生产要素，就是生产力。优化发展环境，就是要保护、集聚、开发、利用体育非物质文化遗产发展的重要资源。第二，环境是吸引力。一个地方体育非物质文化遗产保护和发展的水平，取决于生产要素的聚集程度，而生产要素的聚集程度，取决于发展环境的优劣。"种下梧桐树，引来金凤凰"。环境优良，能吸引资金、人才等生产要素不断进来，形成良好的发展态势。第三，环境是竞争力。没有优良的环境就没有发展的优势。在一定意义上，发展的压力实质上就是环境的压力，发展的竞争实质上就是环境的竞争。第四，环境是创造力。没有优良的环境就没有体育非物质文化遗产发展的动力。环境优良，能使体育非物质文化遗产传承人安居乐业，产生保护与传承体育非物质文化遗产的巨大激情；能够激发相关领域人才等要素的潜能，形成发展新动力，推动体育非物质文化健康、持续的发展。为此，一要强化责任。掀起"责任风暴"，着力解决干部队伍中存在的无责可负、有责不负、失责不纠等突出问题，使全省上下都以加快体育非物质文化遗产发展为己任，都做出自己的贡献，以个人"小环境"的好转，促进整个"大环境"的优化。二要全面提质、提速。为从根本上解决相关部门工作中的"繁"和"慢"等突出问题，在全省范围内开展"效能革命"，提高服务水平，向圈权观念宣战，对疲沓行为开刀，全面破除影响提质、提速、提效的障碍，每一个部门和每一个人都在这场"大合唱"中唱好、唱准自己的"音符"。三要完善鼓励政策。靠政策吸引外力，用政策鼓励发展，结合当前"文化遗产进万家"的新形势，大胆研究、加快制定具有突破性、灵活性的鼓励政策，激发民众对体育非物质文化遗产保护和传承的热情。四要提高内在素质。注重全民素质提升，使每一位公民成为一名真正为优化体育非物质文化遗产发展环境献力、献策的参与者。因此，保护体育非物质文化遗产中的民族传统体育不能只局限于对项目的抢救和保护，而更应该对其产生和存在的原始氛围进行关注。"原生环境对非物质文化遗产的产生和存在至关重要。"传统体育的可持续发展离不开原生环境，即自然环境和人文环境，其状态对传统体育的产生与持续发展具有重要的作用。传统体育依附于一定的民族、群体、个体或区域，随着经济的发展，很多传统的体育活动已经渐渐失去了原始的味道，变得商业化、舞台化了。因此，优化发展整体性环境资源十分重要。没有适宜的环境资源，具有地方特色的传统体育就很难健康、长久的发展。所以，我们应尽力维持和保护民族传统体育生存环境的原始面貌，力争为民族传统体育的保护和发展营造一个传统的、良好的、持续有序的环境资源，这样才能保证民族传统体育存在的活力。

## 八、广泛开展交流与合作

中华民族传统体育文化交流是中华大地上不同民族之间，以及中华民族与异域民族之间体育文化的相互接触、学习、影响、借鉴和吸收，是不同文化间的体育资讯交换。各个民族的体育都有其独特发明创造。民族传统体育文化交流则使人类的这些发明创造得到了传播、继承和发展，避免了各民族一切从零起步。在多样化的异质体育文化中获得灵感，积极借鉴、吸收其他民族特有的体育文化的优点和长处，节省大量人力、物力和时间，并迅速地丰富、更新本民族传统体育文化。正是各民族独具特色的传统体育文化相互碰撞、吸收、融摄，汇聚成了丰富多彩、蔚为大观的中华民族传统体育文化。应该说，体育非物质文化遗产的发展除了靠自身不断积累、创新，异质体育文化的冲击、启发与补充无疑促使了民族传统体育文化的发展与壮大。正是中华大地上 56 个民族之间、中华民族与国外各个民族之间相互交流、共同实践，在相互取长补短中融汇了不同民族的文化创造与智慧，才形成了今天根深叶茂、博大精深的中华民族传统体育文化。不仅如此，民族传统体育文化交流为传统文化的连续性发展做出了卓越贡献。我国民族传统体育文化以悠久而绵长著称，但其中也曾有部分由于种种原因一度失传，幸而文化交流屡建奇功，"失传"的民族传统体育文化在当地失传之前已传播至异地并生根发芽。当体育文化交流再度发生时，外传的这部分体育文化就有机会回传，这和"礼失而求诸野"是同样的道理。

随着全球化时代的到来，中华民族传统体育文化面对的是一个前所未有的开放世界，机遇与挑战的双重浪潮汹涌而至。我们应加强中华大地上各民族之间的体育文化交流，也应适时地抓住同全球各民族进行体育文化交流的机遇，积极吸收域外体育文化的优秀成果，在中外体育文化融合的基础上充实和发展中华民族传统体育文化。全球化既是生产力发展的必然过程，也是人类文化激荡交融的历史进程，是不同文化对比、选择、吸收、排斥抑或较量的过程，在这一迅猛发展过程中，必将进一步加大世界不同国家原本存在的差距，也在客观上重新给世界带来更多机会。西方发达国家由于率先进入工业社会，较高的现代化水平使他们在全球化的进程中占尽优势，他们不仅在经济领域风光无限，而且在文化领域的渗透与扩张中占据了强势地位。尽管如此，全球化趋势下东方体育文化并非全无生机，柔道、跆拳道相继步入奥运，中国功夫、印度瑜伽风靡全球，东方体育文化可以通过现代性改造或是现代社会价值彰显而突破西方体育文化重围，焕发新的生机与活力。体育非物质文化遗产是中国文化的象征符号之一，加强体育非物质文化遗产的交流与传播，对于保护和传承体育非物质文化遗产有着重要的作用和意义。保护非物质文化遗产有利于促进世界文化的合作与交流，有利于维护世界和平，有利于推动构建和谐世界。传统体育非物质文化遗产在体育全球化的引领下，也开始走向国际市场。开展国际交流与合作，有利于我国传统体育可持续发展。

全球化时代是一个各种文化多边对话、全面接触和交流的时代，一个急剧变化的时代。在这样一个时代，我们应以何种理念选择自己的发展战略，这归根到底是一个文化的问题。因为任何国家、民族都是文化的载体，承载着本地方、本民族的传统文化，承载着文化的输出，承载着对外来文化的选择和吸收。今天的中国已不仅是亚洲的中国,更是世界的中国。一个社会稳定、经济蓬勃发展、在国际事务中具有重要影响力的国家必然也应该是文化强国。我们要积极履行《保护非物质文化遗产公约》,促进国际社会对中国非物质文化遗产的认识,促进国际的文化交流与合作,为人类文化的多样性及其可持续发展做出中华民族应有的贡献。近年来,对外文化交流的形式日益多样,交流的渠道更加宽广,其中民间交流发展迅猛。对外文化活动在增进友谊、促进共同发展方面发挥了重要的作用。我们要进一步落实中央提出的文化"走出去"战略,加强对外文化工作的战略规划;充分利用经济发展优势、人文资源优势、人缘地缘优势、文化品牌优势,积极发掘民族民间艺术资源,整合民族民间艺术精品资源,优化外向型民间文化产品质量和结构,提升对外文化交流的规模和品质;大力拓展民间艺术对外交流渠道,大力发展文化外贸,加快形成出口优势;要选好项目,有重点地开展对外文化交流和合作,力求做精、做大、做强,形成品牌和系列;扩大对外文化交流成果,提高民族民间文化在国际文化市场的竞争力,扩大中华文化的影响力,有效吸引世界的目光,向世界展示中国人文传统的丰富性,展示中华民族民间源远流长、博大精深的优秀文化,提高海外对中华文化整体性和历史连续性的认识。

　　既要切实重视"走出去",也要充分重视"引进来"。杭州市每年一度的西湖博览会"娃哈哈狂欢节",国际与国内相结合,高雅与通俗相结合,艺术性与群众性相结合,广场演出与踩街相结合,特色凸现。经过几年成功的运作,狂欢节已不断规模化、国际化、品牌化,正成长为一个高品质的国际文化交流品牌,在推进中外文化交流中发挥着重要作用,对打造世界知名的艺术节品牌起着极大的促进作用。"娃哈哈狂欢节"要不断探索和创新运作方式,使其成为真正具有生命力和广泛影响力的中外文化交流活动。各地可根据当地实际,拓宽思路,创造条件,引进国外传统文化韵味和民族气息浓郁的艺术团参加地方文化节庆,定期、持续举办,逐渐形成中华文化交流品牌。经济全球化、文化多样化,要求我们进一步推动对外开放。各地特别是文化部门要适应形势,提高认识,更新观念,研究中外文化交流的现状、特点、方向及未来发展,尽快熟悉国外文化交流运作机制和规则,要统筹和拓宽对外文化交流的渠道，逐步建立层次多元、渠道畅通、形式创新的对外文化交流格局。

## 九、开发当地旅游事业，积极开拓产业市场

我国有着丰富的民族传统体育资源和得天独厚的自然环境优势，民族传统体育产业具有较大的发展空间。党中共中央改革开放的重要决策给政治经济、文化教育发展带来了无限生机，同时也加快了民族传统体育资源开发和利用的步伐。如何充分利用自身丰富的自然优势，以发展民族传统体育旅游业为切入点，科学合理地开发民族传统体育文化资源，为民族传统体育产业化快速、高效、健康发展创造有利条件，使体育产业成为国民经济的增长点，对促进政治经济、文化教育的发展具有重要的现实意义。

民族传统节日与民族传统体育是各民族人民传统文化特征的表现形式，它深刻地反映着各族人民的生活习惯、道德风尚。民族传统节日与民族传统体育在漫长的互动发展中，形成了鲜明的民族风格，被融入各民族盛大的传统节庆活动中，成为人民日常生活的重要组成部分。内容丰富、形式多样、内涵深厚的民族传统体育文化，为民族传统体育产业提供了发展平台。利用旅游胜地和民族山寨举办有特色的民族民间传统体育活动，在激情的文化氛围影响下，人们会自觉和不自觉地积极参与，而激情的文化氛围是促进体育消费的动力，塑造体育文化品牌是民族传统体育产业化发展的关键。为此，应将民族传统体育融入旅游文化中，对它们进行商业包装推向市场，打造品牌形象，构建商业化体系，创造更高的社会价值和经济效益，为民族传统体育产业化的发展创造有利条件，以促进本民族地区社会经济文化教育的发展。民族民间传统体育的产业化、市场化对传承和弘扬民族民间传统体育文化同样具有积极的作用。要重视积极开发具有民族民间传统和地域特色的民间体育表演项目和健身、养生、娱乐、休闲等项目。民族传统体育有取之不尽的资源，包括人文资源、文化资源、人才资源、产品资源、技术资源、旅游资源等，有庞大的消费群体和广阔的商业市场。民族传统体育的这些资源都将推进民族传统体育产业的发展，对弘扬民族传统体育、繁荣健身娱乐文化，具有重要的战略意义。具有地方特色的"名牌"传统体育项目，也可

推动体育产业市场的发展。

充分发挥本土文化资源优势，将体育非物质文化资本化，大力发展文化产业，是当前文化发展的趋势和新景象，也是区域经济发展的新机遇。体育非物质文化的开发利用必须坚持在开发和创新中保持原有的文化特色，起到传承、弘扬体育非物质文化的作用。在旅游和体育非物质文化的链接与融合上，杭州宋城集团进行了有益的探索，并取得了丰富的经验。宋城作为一个以反映两宋文化为主题的公园，需要有一种鲜活的、直观和亲切的表达方式，为此，宋城积极引入开封盘鼓、江南皮影戏、抬阁等民间杂艺表演。形式各异、丰富多彩的民俗活动、舞台节目，从不同角度、以不同手法烘托共同主题，有力地再现了张择端《清明上河图》中宋代都市的繁荣景象。文化是旅游的内容和深层次的表述，旅游则是实现文化的教化和娱乐功 能的良好载体，是对文化的挖掘、提炼和发扬。为充分展示体育非物质文化的丰富性和独特魅力，加强民族文化认同，浙江省文化厅初步规划重点培育杭州宋城、诸暨西施故里旅游区、临海古城、龙游民居苑、德清防风古国文化园、象山中国渔村、临安河桥老街、苍南蒲城（浙南抗倭雄关）、嵊州华堂村 王氏宗祠（王羲之景区）、东阳横店影视城、桐乡乌镇、兰溪诸葛村、天台山景区、乐清雁荡山景区、余杭双溪漂流景区等一批民间艺术旅游经典景 区，有选择地聚集全省乃至全国优秀民族民间艺术，融入风景风情旅游之中，增添景区的人文色彩，提升景区的品位和效益，形成各具特色的体育非物质文化旅游区块。体育非物质文化艺术的商品化、市场化对传承和弘扬体育非物质文化具有积极作用。要重视积极开发具有民族民间传统和地域特色的杂技、花灯、龙舟、舞狮舞龙等民间艺术和民俗表演项目，在更大范围内进行文化资源整合，提高经营能力。

# 十、进一步加大媒体的宣传力度

如何继承发扬优秀的传统体育文化，保护体育非物质文化遗产，要靠每一个公民的积极努力和参与。只有人人提高了认识，个个去关心呵护，懂得保护昨天的遗产是为了创建更美好的今天和明天，这样体育非物质文化遗产才能得到有效保护。同样道理，只有大家关注、认识并参与到保护传统体育非物质文化遗产的重要性，才能使体育非物质文化遗产得到健康发展。因此，政府要在原来成绩的基础上进一步加大对传统体育非物质文化遗产保护的宣传力度。宣传工作在保护体育非物质遗产工作的全局中具有重要地位和作用，一刻也不能放松或懈怠。要以科学发展观统领宣传工作，不断提高做好宣传工作的认识，增强自觉性、主动性和坚定性。要认真宣传党和国家关于做好体育非物质文化遗产保护的方针政策，在理论和实践的结合上说清楚做什么、怎么做、怎么做得好。要在第一时间把国家和政府发布的政策、方针文件、保护经验等准确、深刻地宣传出去，提高影响力，推进各项保护工作的开展。要建立健全宣传的体制机制，不注重宣传工作的领导不能算是合格的领导，人人都要成为宣传员、战斗员，宣传工作也是生产力。要加强对宣传品的制作，使之看得见，摸得着，能感受到。要加强与媒体、团体的沟通和协调，特别要为主要媒体等创造条件。要不断提高宣传部门的自身建设，为他们创造条件，提供方便。当前体育非物质文化遗产的保护工作迎来了难得的发展好时期，改革发展和各项事业日新月异、形势喜人，这一方面为宣传报道提供了丰富的素材，另一方面也为新闻宣传工作提供了坚实的物质基础。新闻媒体要成为体育非物质文化遗产保护的见证者、参与者、推动者。可以通过广播、电视以及各种会议、刊物、墙报扩大宣传面，并通过开设专题、专栏等方式和经常举办展览、论坛、讲座等活动，使公众更多地了解体育非物质文化遗产的丰富内涵及价值与作用，这样更有利于体育非物质文化遗产的推广普及与传播。另外，还可以以每年6月第二个星期六的"文化遗产日"为契机，举办体育文化节，充分利用媒体手段多样、宣传渠道畅通的特点，增强人们对弘扬传统体育文化、发展保护传统体育之重大意义的认识，使体育非物质文化遗产保护工作能广泛、持久的开展。

要创设载体，积极开展非物质文化遗产的传播和展示。要以重要的民族民间艺术活动和民间艺术馆等为平台，使丰富的非物质文化遗产得到展示。要与爱国主义教育、思想道德建设和精神文明建设相结合，充分利用节日活动、展览、观摩、培训、专业性研讨等多种活动形式，激发广大群众特别是青少年的民族自豪感和对中华文化的热爱。要鼓励和支持大众传媒和互联网对非物质文化遗产及其保护工作进行宣传展示。统筹策划，打造非物质文化遗产保护网站，通过设立非物质文化遗产保护日、设计非物质文化遗产保护标志、聘请非物质文化遗产保护形象使者、开展非物质文化遗产保护志愿者实践活动、开设非物质文化遗产保护系列讲座、举办非物质文化遗产知识竞赛、组织非物质文化遗产保护系列专题报道、制作一批非物质文化遗产保护公益广告、拍摄非物质文化遗产保护专题片和影视作品、编印非物质文化遗产保护宣传资料等形式新、规模大、参与面广的活动，打造非物质文化遗产保护宣传的形象和品牌，加深公众对非物质文化遗产的了解和认识，增强抢救、保护和传承优秀非物质文化遗产的自觉性。通过各种努力，进一步提高各界对非物质文化遗产保护工作的关注程度和全民保护意识，凝聚社会共识，促进社会共享。在全球化进程日益加快的今天，人类应该更加珍惜自然生态环境的多样性。体育非物质文化遗产的保护是一项系统而又浩大的工程，是历史赋予我们的一项光荣而又重大的使命，我们要以构建和谐社会、可持续发展与人的全面发展为最终目标，认真贯彻落实。

## 十一、进一步加强非物质文化遗产资源数据库的建设

体育非物质文化遗产资源数据库建设方面已经取得了一定的成绩。体育非物质文化遗产数字化保护的本质是以记录和保存的方式对体育非物质文化遗产进行保护。较传统保护方式而言，数字化保护在全面、保真、直观、立体、长久保存及方便传播等方面具有明显的优势，特别是数字化保护还能实现体育非物质文化遗产的网络传播，能够帮助更多的人了解、认识和研究体育非物质文化遗产，更好地激发和培养社会大众自觉保护体育非物质文化遗产的意识。

要善于运用数字化技术留住文化基因，采取数字采集、数字存储、数字处理、数字展示、数字传播等技术，将体育非物质文化遗产存储、转换、再现、复原成可共享、可再生的数字形态，把宝贵的体育非物质文化遗产从时间老人的手中"抢"回来，让优秀传统文化不断流、不消亡，薪火相传、代代守护。要积极推进非物质文化遗产与互联网+、旅游、出版、影视、动漫等跨界融合，提升体育非物质文化遗产衍生品和服务的设计水平，提升文化创意产品水平，带动文化资源开发，扩大和引导文化消费，助力供给侧结构

性改革，为经济新常态注入文化新动能。要为体育非物质文化遗产插上传播的翅膀，进一步扩大传播主体更多非物质文化遗产走出国门、走向世界。

## 十二、因地制宜，创新载体

传承创新、传播发展，是对体育非物质文化遗产最好、最直接的保护。体育非物质文化遗产要活下去、火起来，根本出路在于创新。要顺应时代潮流，推进体育非物质文化遗产与时俱进。创造体现在观念，体现在载体，体现在制度，体现在氛围。工作搞得好的、成效明显的地方，既各具特色，又都有一个共同点，就是坚持服务基层、服务群众，不断创新工作内容和形式，不断提高可持续运作能力，在做好体育非物质文化遗产资源普查和传承人调查的基础上，不断推进抢救保护工作，建立了传承人人才库，建立了体育非物质文化遗产传承基地，开展文化特色村评选活动，等等。这些措施，符合群众的愿望和要求，调动了各方面的积极性，夯实了体育非物质文化的发展基础。做好体育非物质文化遗产保护工作是为了传承优秀传统，更是一项创造性活动，不能因循守旧，墨守成规，需要不断超越，创造新事物，开拓新领域。谁在工作中具有创造性，谁就能在发展中占据优势，赢得主动。

## 十三、与节庆积极整合

民族传统节日是体育非物质文化遗产保护和传承的重要途径。不仅能够积淀和弘扬民族优秀文化，而且能满足人民群众日益增长的物质文明和精神文明需要，增强民族凝聚力。在多民族地区体育非物质文化遗产的传承与发展在很大程度上要依托体育节庆活动的开展，体育节庆活动已成为未来体育非物质文化遗产发展不可或缺的媒介。所以，作为非物质文化遗产的传统体育项目也是依托于民族传统节日而传承与发展的。舞龙舞狮、划龙船等是人们在各种喜庆节日和重大活动中的重要内容。热闹非凡的体育项目表演，不仅使人们熟悉了本民族的体育运动，也激起了他们对表演者的崇敬和对民族传统体育运动的向往，培养了人们对民族传统体育项目的兴趣和感情。此外，在许多民族地区正大力发展体育文化产业，以期把经济活动融入少数民族传统体育文化内涵中去。在大部分多民族地区举办的各种体育赛事和盛会中都会看到民族传统体育项目的表演，很多地方已将民族传统体育项目努力打造成宣传当地民族传统体育文化的品牌，通过民族传统体育项目的表演，将一些具有鲜明民族特色的传统体育服装、器材、饰物等推入国内外市场，并在民族传统体育项目表演过程中将民族传统体育文化的内涵、风格、特色等展现给世人，在发展经济的同时，也发展了自身的文化。

在实地调研期间发现，传统民族节日内容丰富，种类多，形式复杂。在传统节日上一般会有舞龙舞狮表演。当地政府和上级主管部门以舞龙舞狮为推动发展的突破口，开办了各式各样的舞龙舞狮活动，自觉地利用这些节日推广民族传统体育文化，体现出很强的地方民族特色，推动了当地的旅游、经济等方面的发展。

# 第五章 民族传统体育非物质文化遗产传承创新案例

根据研究需要，这里对嘉兴的南湖区、平湖市的林东镇、海宁、桐乡等地曾参与过"踏白船"活动的村民以及研究人员进行实地调查，以登门拜访或者座谈讨论的形式，来了解嘉兴"踏白船"的历史传说、活动形式、发展现状以及传承创新的问题。现场观看并参与当地举办"踏白船"的活动。对"踏白船"活动过程进行拍照或录像，并对口头叙述的相关资料进行文字记录。通过实地走访，收集真实可靠的第一手文字、数据、图片及影像资料。考察内容应包括：有关嘉兴"踏白船"遗留的文献资料、传承人、舞龙现状、队伍数量、组织者及群众对"踏白船"的态度、政府的参与和支持力度、"踏白船"民俗模式等。然后，对嘉兴市部分体育、文化、旅游主管部门的领导、"踏白船"成员和观众进行了访谈。了解了"踏白船"的历史渊源、"踏白船"的技艺、开展的现状、资金来源、保护状况、发展策略等。访谈中主要采用半结构式访谈与深度访谈相结合的方法。在访谈中注意研究者、访谈对象以及两者之间的关系问题，努力实现"深描"式的研究，为本研究获得翔实的信息资料。

## 第一节 嘉兴"踏白船"的概述

### 一、嘉兴"踏白船"的渊源

#### （一）考察点的社会人文环境

田野考察点选在了嘉兴市的南湖区、平湖市的林东镇、海宁、桐乡。"特定的地理、自然环境是人类生存下来并进而发展产生的先决条件，也是产生和形成不同种族、不同地区的文化传统、文化面貌的重要基础。"嘉兴市独特的人文地理环境与雪峰"踏白船"的形成和发展息息相关。嘉兴是浙江省地级市，位于浙江省东北部、长江三角洲杭嘉湖平原腹地，是长江三角洲城市群、上海大都市圈的重要城市、杭州都市圈的副中心城市。嘉兴处江河湖海交会之位，扼太湖南走廊之咽喉，与上海、杭州、苏州、宁波等城市相距均不到一百千米，作为沪杭、苏杭交通干线中枢，交通便利。嘉兴建制始于秦，有两千多年人文历史。嘉兴自古为繁华富庶之地，素有"鱼米之乡""丝绸之府"美誉，是国家历史文化名城、中国文明城市、全中国双拥模范城市、中国绿化模范城市、中国优秀旅游城市和国家园林城市、国家首批海绵城市建设试点城市、首批国家新型城镇化综合试点地区。

嘉兴是新石器时代马家浜文化的发祥地，距今7000年前市境就有先民从事农牧渔猎活动。春秋时，此地名长水，又称檇李，吴越两国在此风云角逐。战国时，划入楚境。秦置由拳县、海盐县，属会稽郡。两汉时煮海为盐，屯田为粮。三国时吴国雄踞江东，析由拳县南境、海盐县西境置盐官县。吴黄龙三年（231）"由拳野稻自生"，吴大帝孙权以为祥瑞，改由拳为禾兴，赤乌五年（242）改称嘉兴。两晋、南北朝时，嘉兴得到进一步开发，"一岁或稔则数郡忘饥"。

隋朝开凿江南河，即杭州经嘉兴到镇江的大运河，给嘉兴带来灌溉舟楫之利。唐玄宗天宝十年（751）析嘉兴县东境及海盐、昆山等县部分辖地置华亭县。唐代嘉兴屯田27处，"浙西三屯，嘉禾为大"，嘉兴已成为中国东南重要的产粮区，有"嘉禾一穰，江淮为之康；嘉禾一歉，江淮为之俭"的说法。五代十国时期，吴越国在嘉兴设置开元府，领嘉兴、海盐、华亭3县，是为嘉兴首次设州府级政权。后晋高祖天福五年（940），因吴越王钱元瓘之奏请，在嘉兴置秀州，领嘉兴、海盐、华亭、崇德4县。北宋改秀州为嘉禾郡，南宋宁宗庆元元年（1195）升郡为府，后改嘉兴军。

元世祖至元十三年（1276）改嘉兴军为嘉兴府安抚司，旋升为嘉兴路总管府。宋元时，嘉兴经济较发达，被称为"百工技艺与苏杭等"，"生齿蕃而货财阜，为浙西最"。乍浦、澉浦、青龙等港口外贸频繁，海运兴隆。明宣德五年（1430）析嘉兴县西北境为秀水县，析东北境为嘉善县；析海盐县置平湖市；析崇德县置桐乡市，嘉兴府下辖 7 县，称一府七县。此后四五百年内嘉兴府县体制基本未再变动。其时，在农业和手工业发展的基础上，商品经济日渐繁荣，棉布丝绸行销南北，远至海外，嘉兴王江泾镇的丝绸有"衣被天下"的美誉，嘉善有"收不完的西塘纱"的谚语，桐乡濮院镇丝绸"日产万匹"，名闻遐迩。

明弘治《嘉兴府志》记载："嘉兴为浙西大府"，"江东一都会也"。清朝初期，清政府进行了赋税改革和整顿，并多次对杭州湾沿岸海塘进行修筑，嘉兴社会经济不断好转，市镇更加繁荣。清咸丰十年（1860），太平军攻克嘉兴，建听王府为当地军政领导机构。清朝中期以后，受帝国主义掠夺和封建主义的剥削，嘉兴的经济和城市面貌日渐衰落和凋敝。

1911 年 11 月 7 日，革命党人光复嘉兴，成立嘉兴军政分府。民国初废府存县，改称嘉禾县，后复称嘉兴县。

1921 年 8 月初，中国共产党第一次全国代表大会在嘉兴南湖的一艘游船上闭幕，宣告中国共产党成立。

1949 年 5 月 7 日嘉兴解放，分设嘉兴县、嘉兴市，后撤并频繁。

1983 年 8 月，撤销嘉兴地区行政公署，分设嘉兴、湖州市，嘉兴市设城区和郊区，下辖嘉善、平湖、桐乡、海宁、海盐 5 县。

1985 年 1 月，经中共中央、国务院批准，嘉兴市区及所辖嘉善、桐乡、海宁市被列为长江三角洲经济开放区，至 1988 年，嘉兴市及所辖 5 县均被列为经济开放区。

1993 年 11 月，嘉兴城区更名为秀城区；1999 年 6 月 21 日，郊区更名为秀洲区，2005 年嘉兴秀城区更名为南湖区。

截至 2015 年 12 月 30 日，嘉兴市下辖 2 个市辖区（南湖区、秀洲区）、3 个县级市（海宁市、平湖市、桐乡市）、2 个县（嘉善县、海盐县）。共有 44 个镇，29 个街道（涉农街道 22 个），246 个城市社区，115 个城镇社区，809 个行政村。

### （二）考察点江南水乡独特的地理环境

嘉兴市位于浙江省东北部、长江三角洲杭嘉湖平原腹心地带，是长江三角洲重要城市之一。市境介于北纬 30 度 21 分至 31 度 2 分与东经 120 度 18 分至 121 度 16 分之间，东临大海，南倚钱塘江，北负太湖，西接天目之水，大运河纵贯境内。市城处于江、海、湖、河交会之位，扼太湖南走廊之咽喉，与沪、杭、苏、湖等城市相距均不到一百千米，区位优势明显，尤以在人间天堂苏杭之间著称。

市境陆域东西长 92 千米，南北宽 76 千米，陆地面积 3915 平方千米，其中平原 3477 平方千米，水面 328 平方千米，丘陵山地 40 平方千米，市境海域 4650 平方千米。

市境地势低平，平均海拔 3.7 米（吴淞高程），其中秀洲区和嘉善北部最为低洼，其地面高程一般在 3.2 米～3.6 米之间，部分低地 2.8 米～3.0 米。全市有山丘 200 余个，零散分布在钱塘江杭州湾北岸一线，海拔大多在 200 米以下，市境最高点是位于海盐与海宁交界处的高阳山。市境为太湖边的浅碟形洼地，地势大致呈东南向西北倾斜，由于数千年来人类的垦殖开发，平原被纵横交错的塘浦河渠所分割，田、地、水交错分布，形成"六田一水三分地"，旱地栽桑、水田种粮、湖荡养鱼的立体地形结构，人工地貌明显，水乡特色浓郁。

嘉兴市地处北亚热带南缘，属东亚季风区，冬夏季风交替，四季分明，气温适中，雨水丰沛，日照充足，具有春湿、夏热、秋燥、冬冷的特点，因地处中纬度，夏令湿热多雨的天气比冬季干冷的天气短得多。年平均气温 15.9 摄氏度。年平均降水量 1168.6 毫米。年平均日照 2017.0 小时。

嘉兴市多年平均水资源量为 19.24 亿立方米，但人均水资源占有量仅为 588 立方米，大大低于全国和全省平均水平。因此，嘉兴市是一个水资源缺乏的城市。嘉兴市地下水蕴藏丰富，在解决生活用水中曾经发挥过重要的作用。

## （三）以水路交通为载体积淀下的舟船文化

大运河嘉兴段位于太湖东南的水网地带，大运河是杭嘉湖平原水系的干河，也是京杭大运河自北而南沟通五大水系中太湖和钱塘江两大水系的主动脉。大运河嘉兴段干道长约 110 千米，目前嘉兴段运河主河道以嘉兴环城河为中心，北苏州塘（苏嘉运河）接江苏，南杭州塘（嘉杭运河）连杭州，长 81.22 千米。另有元代以前的运河主河道崇长港、上塘河，长 29.5 千米。运河经过嘉兴市本级、桐乡市和海宁市，其中市本级 40.8 千米，海宁 27.4 千米，桐乡 43.87 千米。大运河嘉兴段从北至南包括苏州塘、嘉兴环城河、杭州塘、崇长港、上塘河等河道。大运河嘉兴段的开凿历史，最早可追溯到春秋时期，那时已出现沟通太湖流域与钱塘江的人工河道——古长水和百尺渎。公元前 482 年，越王勾践开挖越水道（今崇长港），是嘉兴境内最早有确切记载的运河。大运河的开通，打破了嘉兴长期偏于江南一隅的封闭状态，确立了嘉兴 "左杭右苏""南北通衢" 的运河古城地位，促进了嘉兴地区经济社会的发展。尤为可贵的是，历经两千余年的持续发展与演变，以明清运河主河道为骨干、各历史时期的运河干道并存，其网状河道体系至今保持畅通，一直发挥着重要的交通、运输、行洪、灌溉、输水等作用，是孕育嘉兴的 "母亲河"，是活着的、流动的重要文化遗产。

## （四）丰富多彩的水上民俗活动

两宋时期，由于得到了朝廷与地方官员的高度重视，我国古代的水上体育活动得到了繁荣发展。宋太祖赵匡胤曾 "观习水战者二十有八"，大练水军。随着时间的推移，环境的影响，这一带逐渐形成了与水相关的民俗活动，观潮弄水成为两宋期间最著名的民俗水上活动。《梦粱录》卷四中记载，"以大彩旗或小清凉伞，红绿小伞儿，各系绣色缎子满竿，伺潮出海门，百十为群，执旗泅水上"，"或有手脚执五小旗浮潮头而戏弄"。《增补武林旧事》卷三中记载 "吴儿善泅者数百，皆披发文身，手持十幅大彩旗，争先鼓勇""出没于鲸波万仞中，腾身百变，而旗尾略不沾湿，以此夸能" 的弄潮景象，此外还有水上百戏、水秋千、掷水球、龙舟竞渡等多种水上民俗活动。

嘉兴地区水网稠密，素有 "越韵吴风，水都绿城" 之美誉，丰富多彩的水上民俗活动常见于各类庙会中，如以佑蚕丰收为主题的含山轧蚕花庙会。庙会期间，含山周边等地区的民众从水陆两路赶赴含山拜香会，并在水上开展各类竞技性的水戏活动，如标杆船、踏白船、打拳船等。嘉兴端午习俗由来已久，其中最著名的是规模盛大的南湖龙舟竞渡。每年清明和中秋时节，杭嘉湖平原及其周边一带从事渔业、农业的船民纷纷驾船赶至嘉兴秀洲区的莲泗荡，举行盛大的集会亲、娱乐、贸易于一体的水上庙会，俗称 "网船会"，兴起于清朝咸丰年间，有文字记载，1947年的庙会"高高竖着桅杆的大船约有八百余艘，轮船二十四艘，其他汉口船三艘，青岛和香港来的船各一艘，其余小网船和民船更不知凡几"，如此盛况空前的庙会自然少不了丰富多彩的水上民俗活动。另外，还在南湖荷花灯会、钱江观潮、双庙渚蚕花水会等各种庙会中举办水上民俗活动。由此可见，踏白船的形成与发展与嘉兴本地区浓厚的庙会文化及独树一帜的水上民俗活动密切相关。

## （五）蚕桑养殖的特殊生产方式

中国是世界上最早养蚕和制造丝绸的国家，处在吴越文化的中心地带，杭嘉湖平原的腹心地区——嘉兴，早在四千七百多年前，这里的先民就已经开始养蚕和利用蚕丝缫织。杭嘉湖平原地势低平，土壤肥沃，拥有优越的自然环境，终年气候温和湿润，适合栽培种植桑树，水系发达，水网稠密，航行运输、灌溉防旱也极其便利，自古便有"鱼米之乡""丝绸之府"的美誉。

在杭嘉湖平原有句俗语"田蚕"，当地的人们竟把田地种植与蚕丝生产相提并论，谚语有云"看蚕好来真的好，种田好来勉饱饱"。一首在海盐流传的《蚕花歌》中唱到"敲脱丝来按到，来年桃花红来菜花黄，南京客人未曾晓得，北京客人上门来买。铜钿银子既啥用，婚男配女买田庄。高田买到南山脚，低田买到太湖上"。嘉庆年间《嘉兴府志》记载，"比户以养蚕为急务，……蚕或不登，举家聚哭，盖全家侍养蚕为耕耘之资，蚕荒则田芜，揭债鬻子，惨不免矣"。由此看来，在这片土地上如此重视蚕桑的养殖也就不足为奇了。在杭嘉湖平原上，人们种植桑树、采摘桑叶、养蚕蛹、制成丝绸必须经历一个漫长而又烦琐的过程，没有足够的耐心与细心是绝对不能获得好的收成的，蚕农们形象地将养蚕的女子称为"蚕娘"，而把蚕直呼为"蚕宝宝"，将这种养蚕人与蚕的关系比喻成母亲哺育婴儿，足见这两者之间的关系有多亲密。人们又将养蚕这种劳动称为"看蚕"，把蚕当成婴儿，认真哺育，悉心看护，生怕出现一点闪失。《湖州府志》记载，"治蚕始于护种，终于收蚕缫丝，而中间时寒暖，慎燥湿，节饥饱，视慈母之护婴儿殆有甚焉。"如此重视养蚕，可见蚕桑在此地积淀了丰厚的文化。养蚕需要种桑，没有桑叶，就不可能完成蚕的养殖，可见育桑在蚕丝生产过程中的重要性。在养蚕时节，蚕一天天地长大，每天吃桑叶的数量也越来越多，特别是到蚕即将吐丝结茧的那几天，只闻"沙沙"食桑声，不见桑叶覆蚕身，如同雨滴入土，顷刻消失。如果在这个紧要关头，桑叶短缺，将会造成不可估量的损失。因为桑叶少，蚕未吃饱，结的茧子就会很薄，影响收成，如果桑叶过少，蚕可能不会结茧，之前的心血就全部白费了。而且，养蚕是这一地区的主要产业，左邻右舍大家都一样养蚕，缺桑叶往往也不只是一家的事，所以相互调剂桑叶很难实现。此时，家家户户就会摇起快船，纷纷赶往外地，四处奔波，日夜兼程，购买桑叶，因此也便有了"救蚕如救火"这一说。时间紧迫，过了这关键的缺桑叶的一两天，即使买回桑叶也无力回天，所以这段时间桑叶价格猛涨，也就有了"仙人难断叶价"的民间俗语。正是复杂细致的蚕丝生产过程及养蚕与育桑的特殊生产条件，提高了人们的划船技术，人们利用船只竞渡救蚕，久而久之便形成了一种水上民俗体育活动、文化活动，这才促进了踏白船的形成与发展。

### （六）嘉兴"踏白船"形成传说的补叙

旧时，嘉兴的农家都拥有娴熟的摇船技能，代代相传。"踏白船"是一种简单的农闲娱乐性活动，随时都可以组织开展，它是自然而成的民俗现象，也是一个集体性传承项目，但其确切的形成原因，实难考证。经过走访、调查后发现，虽然关于"踏白船"源起的史料记载少之又少，但是关于"踏白船"的记载还是有一些的。

据《宋史》记载："自此边至武兴，到王军，曰踏白"。清光绪《嘉兴府志》谓："清明，王店市河及荐泾有摇快船之戏。"清《古禾杂识》记："水会则推平湖、嘉善。[寿案]嘉善四月四（水）会，前明（朝）已然。近王店仿之。至水会则枫泾龙舟最妙。而新塍镇于水面装成圆圃泉石亭台。"

《庄一拂诗词曲文遗稿》中的《和竹垞老人鸳鸯湖棹歌百首》记："舢板南明习水师，打头不怕雨如丝。老残历尽风波险，却念扁舟弄水儿。"其跋曰："清兵南图，太湖各地举义师，藉端阳划龙船以练水师。后来每届恶月，禾地三塔湾呈水嬉，村儿相率踏舢板赛于龙祠。俗称踏白。踏白者，乃五军之一军遗名也。"

《落花残片》（吴藕汀著）记："水上竞渡称为'踏白'，三塔，南湖均有之。""水会来自高桥……经过南湖。每逢子、午、卿、酉之清明节举行。"

《东南蚕桑文化》记载：踏白船也有称为"踏拨""踏後"的，考"踏白"原为唐宋骑兵番号名称，据传与宋将岳飞有关。宗泽赞赏岳飞的才能与勇敢，任其为"踏白使"，令其率骑兵五百抵抗进犯记水关（今河南氾水镇西）的金兵。岳飞用疑兵之计，大败金兵。三塔边的岳王祠供奉岳飞，赛船者以岳飞无畏气概参加竞渡，故此摇船比赛被称为"踏白船"。

宋代"踏白"为水军番号，或可见踏白船活动始于宋代或稍后。陆明所著的《嘉兴记忆》一书中，就曾经提到："嘉兴'踏白船'，古称'摇快船之戏'，和蚕桑生产有关。旧时，每年清明节三塔塘上要举行踏白船比赛，观者上万。"关于"踏白船"的起源，民间有各种各样的故事或传说。袁克露、姚正钧搜集整理的《踏白船遥忆蚕花女》一文中详细描述了关于"踏白船"源起的神话故事。

传说一：很久以前，某一年各地大闹灾荒，唯独鱼米之乡、丝绸之府的嘉兴风调雨顺，五谷丰登。有一对母女逃难来到这里，女儿名唤"善花"，遇到了心地善良的农家小伙阿土和他的母亲，他们好心收留了这对逃难母女。日复一日，勤劳的善花和朴实的阿土逐渐心生爱意，家中的长辈和周围的邻居都称赞他们是天生的一对，就在他们准备卖了春蚕办喜事的时候，嘉兴碰上了大旱年景，田地龟裂了，桑叶也焦了，家家户户的蚕宝宝都亟需桑叶喂养。阿土家的桑园里有一条修炼成精的竹叶青蛇，一次阿土翻土锄地的时候不小心误伤了它的尾巴，它一直怀恨在心，伺机报复。蛇精变化成算命先生，来到村里逢人就说之所以发生大旱，都是因为外地逃荒来了个"白虎星"。这个白虎星吃了南湖水，水要干；摸了地里的桑，桑叶要泛红；住在哪个村子，哪个村就要遭殃。这个白虎星就是阿土屋里的善花。人们纷纷赶到阿土家里，要求善花离开，最后她不得已离开南湖。善花一路向西乞讨，不知不觉来到双林地界，却发现这里毫无旱情，桑叶茂盛，不少有旱情的地方都摇船来买桑叶。善花想起了南湖边的乡亲们和她亲手侍养的蚕宝宝，于是飞奔回家，一连赶了两天两夜，不吃不喝，不休不眠，当她赶回家准备报信时，却被恶毒的蛇精知晓，它一口咬向善花，可怜的善花躲闪不及，又加上连夜赶路，筋疲力尽，毒血攻心，最终死去。但她却在临终前留下了"摇船买叶"的重要信息，拯救了南湖的蚕民们。为了表达对善花姑娘舍命报信的感激之情，南湖的人们在每年善花的生日三月十六这一天组织划船比赛，后来有人梦见善花飘上了云端，成为蚕花娘娘。自此，为了祈求蚕花娘娘的保佑，也就有了"踏白船"竞渡的民俗体育活动

传说二：相传某年，嘉兴一带发生大旱，桑叶枯萎，春蚕无以为饲，农家们心急如焚。一女子为此背井离乡，寻至湖州一带，见桑叶甚好，便连夜疾步回家，呼唤乡民们飞舟买桑叶救蚕。春蚕得救了，而那女子却因劳累过度不幸身亡，后人遂将其尊为蚕花娘娘即蚕神，并于她的祭日，每年农历三月十六，以划船竞赛纪念她。这一天，村民摇船至运河三塔塘岸，先将带来的猪、鸡、鱼等放在茶禅寺蚕花娘娘神位前进行祭奠，然后进行划船比赛。比赛结束，便在野地里埋锅造饭，饱餐一顿，尽兴而返，祈求蚕花娘娘保佑风调雨顺，蚕桑丰收。

传说三：清朝乾隆年间，乾隆皇帝出游江南，路过嘉兴时，由于河运开始变窄，河床较浅，使得皇帝的龙船很难前行，于是嘉兴本地的官员找来几十名乞丐拉纤绳，又找来几十艘农船在前拖拽，直到将龙船送出嘉兴府地往杭州南行。这一日正好是农历三月十六，自此便有了"踏白船"这一传统。

传说四：据说"踏白船"是官府的官差船。旧时嘉兴载物出行均靠船只。官府文书公文的传送只有靠船送达。而官船太大，要想快速送达唯有用小巧灵活的"踏白船"才能办到。如此从嘉兴到杭州一夜即可往返，这也成了"踏白船"的一种由来。

传说五：在平湖的新丰乡，相传有位施王菩萨很灵验，所以每当种落黄秧后，村民们都要到那里去烧"汰脚香"，预防蛀脚，顺便摇快船取乐。据调查，新丰施王庙前的登云桥河面应该是最早出现摇快船竞渡的地方，据清光绪《嘉兴县志》载"同治四年道士守真重修施公庙"，又载"新丰东乡插秧竣，群来祭祷，舟舣榆柳绿荫下……"，足见当时香火之旺盛，烧香船和快船之繁多。施公庙俗称施王庙，庙前有个荷花池潭，潭边长满大树，潭内水质清凉。相传施王老爷是种田出身，为乡民们办了不少好事，据史志载"禳田祈蚕，至货殖畜牧疾病医药诸细事，无远近，皆卜神"，有求必应，南宋时"有阴功，故封镇海侯"。民众为了纪念他，为他塑像修庙。据说，他的夫人是平湖东门外人，娘家人对这位姑爷十分器重。每年大忙过后，总要去

新丰施王庙烧上一支清香。古时交通不便，靠船行路，速度较慢，有人便想办法在船上添橹加桨，使船速倍增。新丰人仰慕之极，也仿效制作，赶超东乡快船，东乡人不甘示弱，索性将烧香船与摇快船联同起来，成群成批驶往新丰登云桥湖面，互相竞舟，习惯成俗，年年如此。

传说六：平湖的"摇快船"是为了纪念吴越王，钱镠（字具美），五代时，吴越国创建者。后梁开丰元年农历八月十六封为吴越王。吴越王重视农桑，兴修水利，疏浚河道，有利于灌溉和通航，造福了人民，百姓大受其益。鉴于吴越王的爱民功德，百姓世代不忘。为了纪念他，百姓修建了钱镠吴越王庙（亦称钱王祠），俗称勒勒王庙，位于徐家埭邬关桥畔。每逢农历六月廿一吴越王生日庙会，举行摇快船比赛。是日，江、浙、沪成千上万的香客前来进香逛庙会，观看摇快船。

传说七：平湖良田多杂地少，养蚕多却种桑少，蚕熟时人们常常到海宁、桐乡等地购买桑叶。蚕区流行一句话："平常卵呖呖，全靠四月里。"养蚕户为博四月里的养蚕收成，往往拼命地去外地抢购桑叶。俗话说："救蚕如救火。"为提高船速，便加橹添桨，以抢时间、争速度，由此便在这争抢的情况下，形成了"摇快船"这一风俗。

传说八：在距离长山河往海盐方向五六里水路处，原有一座百年古刹"黄荡庙"，气势恢宏，香火旺盛。长山村水网密布，几乎家家户户都有船只，每到正月十五时，附近的人们就会驾着小船去黄荡庙祈福，久而久之便形成了"赶庙会"的传统。每到庙会时节，河面上船只密布，大家你争我赶，都希望最先到达黄荡庙，祈求平安，获得头彩，于是这种水上竞技活动逐渐演变成了"摇快船"比赛。

综上所述可以得出，摇船乃是地处水乡的祖先们从事蚕桑生产所必需的技能。这里的人们利用船只进行运输、出行等生产活动，在劳动之余，自愿发起竞渡娱乐活动。到了两宋时期，水上行军练兵得到重视，这在一定程度上促进了嘉兴"踏白船"的发展，再加上往来贸易、买桑救蚕的需要，庙会的推动，使得嘉兴"踏白船"在清朝初年开始逐渐形成规模，成为当地一项重要的民俗体育活动。

## 二、嘉兴"踏白船"的区域分布与称谓

### （一）嘉兴"踏白船"的区域分布

"踏白船"是嘉兴地区特有的舟船文化活动，也是一项极为普遍的民俗体育活动。特色十足的船只既是生产劳动的必需品，又是娱乐的重要工具，在当地人民的生活中占据了很重要的位置。根据现有的调查研究发现，按照现在的行政区域划分，"踏白船"在嘉兴主要分布在南湖区、秀洲区、平湖市、海宁市、海盆县、桐乡市、嘉善县的西塘等地，几乎覆盖了整个嘉兴地区。目前，在"踏白船"活动开展得较为典型、隆重的南湖区、秀洲区以及平湖、桐乡两地申报成功了对嘉兴"踏白船"的非物质文化遗产保护。笔者认为，在嘉兴，只要是在有河、有湖、有船的地方都会有"踏白船"的身影，船民们闲暇时三三两两竞渡娱乐，若是有庙会，船民们纷纷摇船呐喊，取得头筹，显得更加热闹与繁盛。除此之外，与嘉兴邻近的湖州南浔、江苏周庄等地也曾有类似于"踏白船"的民俗活动。

### （二）不同地区"踏白船"的称谓

"踏白"据考证原为唐宋骑兵番号的名称，北宋抗金名将岳飞就曾任踏白使，据《宋史》记载，"自北边至武兴，列五军，曰踏白、推锋、策选锋、游爽"，自此"踏白"也就成了水军的番号。或许是嘉兴一带受水兵操练的影响，慢慢也就沿用了这一名称。"踏白船"在嘉兴的不同地区还有着各种不同的称谓，如在嘉兴市，京杭大运河环绕城区而过，西南河段水流湍急，因此在岸旁建有唐代三塔、茶禅寺、岳王祠、印寺等，嘉兴人称其为"三塔塘"，每年农历三月十六，三塔塘都会举行农船竞渡比赛，久而久之，人们便称呼其为"三塔踏白船"。"三塔踏白船"又有"旱踏白""水踏白"与"女踏白"之分。简单来说，"踏白船"比快被称为"旱踏白"，比险被称为"水踏白"，女子参赛被称为"女踏白"。据嘉兴三塔一带的老人们回忆，"旱踏白"也被称为"塘南踏白"，以南湖乡为主，全乡各村几乎全部都参加到"踏白船"的活动中来，如西南湖村、东南湖村、南湖村、长桥村、六号桥村等。西南湖村的"踏白船"每年摇得最快。因为河道纵横，没有完整的农田，西南湖村基本上家家自备木船，精通摇船技术。

他们用的船是江南水乡的一种狭长的小木船。"水踏白"也称"塘北踏白"，以嘉北乡为主，它与"旱踏白"的差别就是，"水踏白"在船尾左右两侧不设"出跳"，所谓"出跳"就是指在船头将短横木绑实在两旁船艎的护栏木，凌驾于水面，横木下既是湍急的河流，竞渡时，两旁的短横木上都站有船民，远远望去好像悬空于河面，十分惊险，这突出的短横木就被称为"出跳"或是"龙出跳"。竞渡中，船民们仿佛踏浪而行，行船激起的白花花的浪花似乎就在他们脚下穿梭，估计这也是"踏白"二字的由来。他们所用的船只也都是以中型为主，橹后设有桨，橹前即船头木板上常常铺有装满空谷壳的砻糠包。"女踏白"，顾名思义，就是由女子组成的船队进行比赛。南湖乡六号桥三队曾有一支"女踏白"队伍，其队长是踏白大橹手李龙宝（原名陈素珍），她的父亲曾是一名出色的踏白船大橹手，其自小深受其父亲影响，热爱摇船，她召集了二十多名妇女组成了一支女子踏白船队，赛时穿着自家生产的丝绸做成的衣服，英姿飒爽，煞是好看。

在平湖地区，人们都称呼"踏白船"为"摇快船"，俗称"摇艄船"，又称"摇少船"等，其名称的由来，至今仍无太多考证，据清光绪《嘉兴府志》记载："清明，王店市河及荇浸有摇快船之戏。"《平湖县志》清光绪卷二中也记载："平湖东湖有龙舟摇快船水墙。"而在海盐也因"踏白船"的"出跳"，又被称为"出跳船"。在西塘也被称为"遥燥船"。"燥"在地方话中就是"快"的意思。根据现有的调查分析，笔者认为，这项民俗体育活动在嘉兴较为正统的称呼为"踏白船"，其次便是以其行进快的特点而命名的"摇快船"，在不同地区开展的这项活动都受当地风俗习惯的影响，被深深地打上了当地文化的烙印，这也是小小的一项运动有如此多称呼的原因。

# 三、嘉兴"踏白船"的项目特点

## （一）民俗性

嘉兴"踏白船"与生俱来的民俗气息，使得它在杭嘉湖平原上一直独树一帜，流传至今。著名的民俗学家钟敬文先生曾指出："民俗主要是指在文化比较发达的民族，它的大多数人民在行为上、语言上所表现出来的种种活动、心态。它不属于个别人，也不是一时偶然出现的，它是集体的、有一定时间经历的人们的行动或语言的表现。"嘉兴"踏白船"是杭嘉湖平原传统的蚕桑文化的重要表现，也是育香缫丝生产技艺的重要环节。它是当地人们根据"救蚕如救火"的生存需要而创造的，结合了物质生产的特点，又体现了各村各部、家家户户祈求来年丰收的美好愿望。嘉兴"踏白船"不仅与当地人们的实际生产生活结合紧密，更体现了这一民族的生活风貌与精神面貌。经历了数百年的时间沉淀，"踏白船"依然在这个地区流传，成为庙会、吉庆等重大活动必不可少的集体民俗体育项目，并且能产生深远的影响。"踏白船"产生于民间传统的劳动生产，扎根在浓厚的蚕桑文化中，发展于依山傍水的江南民俗文化里，逐渐成为嘉兴极具代表性的民俗体育活动。

### （二）竞技性

嘉兴"踏白船"的活动方式与特点决定了其具备很大的竞技性。旧时，与船相关的传统生产方式，特别是摇船买桑叶的迫切需求，决定了人们在摇船时的相互竞争。在庙会开展的"踏白船"竞渡活动中，谁最先划到终点或是最先夺得象征胜利的头牌或吉祥物，谁就能得到庇佑，来年定能风调雨顺，大获丰收。正因为"踏白船"的胜者被赋予了赐福、神秘的意义，使得各村各寨，家家户户都期望能够夺魁归去，这成为他们一年中最重要的大事。同时，这也是在旧时难得的大型聚会活动。在如此盛况空前的活动中赢得胜利更能彰显村庄或是个人的实力，从而声名远播，受到人们的尊崇。因而人们在比赛中必定会高度重视，竭尽全力，争取胜利。一时间，大橹剧烈跳动，众人飞桨共舞，激烈的碰撞溅起层层水花，"出跳"者在这湍急的流水和雪白的浪花中上下翻飞，好不惊险，各个"踏白船"卯足干劲，一直向前，你争我抢，势将胜利揽在怀中，决不退让，锣鼓喧天，声势浩大，十分激烈。嘉兴"踏白船"因其自身所赋予的含义以及数百年来约定俗成的比赛规则与活动形式，使得它具有极强的竞技性。

### （三）生产性

嘉兴"踏白船"所用的船只都是平日里用于劳动生产、载客运货的木船是家家户户必备的生产工具。一方面，嘉兴"踏白船"的源起与这一地区悠久的养蚕缫丝生产紧密相关，是在"摇船买桑叶，救蚕如救火"的紧迫声中产生并发展起来的，它的出现是嘉兴人民智慧与汗水的结晶。另一方面，嘉兴"踏白船"竞渡活动表达了人们祈求来年风调雨顺、生产大获丰收的美好愿望。另外,"踏白船"的摇橹、扯撬、划桨等动作都需要人们花费大量的时间和精力去强身健体,不断练习,这在一定程度上也促进了生产劳动者的身体健康,提高了劳动生产技艺。因此,嘉兴"踏白船"具有一定的生产性。

### (四)集体性

嘉兴"踏白船"是一个集体性的民俗体育项目。首先,从"踏白船"的船体结构及活动形式来说,仅仅只靠个人是无法将船撼动的。一个完整的"踏白船"队伍必须由摇橹者、扯撬者、划桨者、指挥者以及表演者、敲鼓者等人员组成,根据船的大小,多则十几个人,少则五、六个人。其次,传统的"踏白船"比赛都是在该地区范围内影响重大的庙会活动中开展,一般都由各村德高望重的长者出面组队,或是由村民自发组成队伍代表本村进行角逐,使得参赛的村民们、岸上加油鼓劲的观众们都带有极强的集体荣誉感。同时,要想将船摇得快、摇得好,绝对离不开集体的团结协作与同心协力,这也对他们彼此间的配合默契程度以及团体的凝聚力与向心力提出了更高的要求。

### (五)地域性

"踏白船"是江南水乡嘉兴地区特有的民俗体育项目,是杭嘉湖平原上悠久的蚕桑文化与舟船文化的典型代表,具有浓厚的地域性。嘉兴"踏白船"的地域性体现在以下几个方面:第一,水乡泽国独特的地理环境是孕育"踏白船"的"温床";第二,深厚的蚕桑文化以及舟船文化的积淀打造了"踏白船"独特的文化符号;第三,独有的民俗风情为"踏白船"提供了宽广的历史活动舞台。因此,在水路发达、舟船往来如梭的嘉兴,因育蚕缫丝的劳动生产需要以及表达祈求丰收的美好愿望的需要,使得"踏白船"被深深地刻上了嘉兴地区的文化烙印。

### (六)娱乐性

嘉兴"踏白船"能在一定程度上满足人们精神生活的需求,其娱乐性尤为突出。"踏白船"是嘉兴人民在传统节日或是庙会中开展的活动。是日,在振聋发聩的锣鼓声中,艘艘快船蓄势待发,岸上人头攒动,欢呼雀跃,水中船头飘扬着各具代表性的彩旗,更有增加了船拳、爬高竿等表演的船只博得阵阵喝彩。随着一声号令，每一艘船好似离弦的箭，"呼呼"向前挺进，船身左右摇摆，踏浪者在湍急的水中惊险地上下翻飞，充满节奏的锣鼓，气势磅礴的口号，营造出一个热闹非凡的节日氛围，使得水中、岸上的人们都从身体到心理得到了一种宣泄和放松。

## 四、"踏白船"的活动形式

"踏白船"比赛进行时，由于急摇，船体左右晃动得十分厉害，乡民称之为"活"。农船的"活"印证了"踏白船"快速、惊险的特性。它的获胜规则一般分为两种：一种是在划定比赛区域内的终点处设有象征胜利的吉祥物品，在西塘人们称之为"头牌"，以先到夺得"头牌"为胜；另一种是在比赛中摇得最险、最好看的为胜。通常比赛以前者规则为主。所以，"踏白船"不仅仅比行得快，也要比行得险、摇得好看。"踏白船"是一项集体性的民俗体育活动，旧时都是以村为单位，选拔配备划船能手组成赛船队伍，船民们都会穿着统一的服装，共同协作，希望能够在比赛中拔得头筹，能为来年的大丰收赢得好兆头，有的地区的优胜队伍更可以为来年的"踏白船"活动开赛发令，为自己的村庄带来极大的荣誉。

"踏白船"大都依附于庙会而开展，是乡民们祭祀仪式中重要的一部分，以南湖区的"三塔踏白船"来说，每到农历三月十六，蚕花娘娘生日当天，各船都会按照金、木、水、火、土五行分别插上红、黄、蓝、白、黑五色龙凤旗，然后划船比赛。

在平湖的"摇快船"活动中，通常由一人把持大橹，一人扯其撮，一人把矮槽，一人拉其撮，橹押头装在船尾，位于橹后侧。船头出跳上各绑一支桨，由两名身体强健的年轻人掌握，用力时双足立直，泡在水中，称为"头桨"。前船橹前护栏木上各绑一支桨，称为扳桨（也叫撬桨），每桨各一人。橹后中舱护栏木上绑一支桨，称为"揪桨"（也叫"淌桨"）。比赛时，为了能让全体人员动作协调一致，每条船上都安排有锣鼓手敲锣打鼓，既能统一动作节奏，又能鼓舞士气。过去每个村坊的快船都备有一面颜色各异的三角小旗，插在后面的"龙梢"上，既是一种美化装饰，也是船只的区分标志。比赛中，掌大橹者是全船人员的灵魂。船要转弯了，为统一步调，掌大橹者

"砰"一声踩响脚底平鳍板，全体人员便一齐用力，使船一下往推艄方向旋转（推艄转船是"摇快船"约定俗成的动作）。此时锣鼓噤声，所有人停止在一个动作，只见快船整体向橹后一边倾陷下去，执头桨与撅桨者部分肢体没入水中，哗哗一阵白浪过后，船体飞速从旋涡中恢复平衡状态，锣鼓再次响起，在两岸观众的欢呼声中，开始新一轮的拼搏比赛。摇快船不但要摇得快，还要摇得好看，按照锣鼓的节拍，两边划桨用力一致，动作划一，桨面一向，水花一线，两橹同时向相反方向推出，又同时扳进，扯矮撮者难度较高，要求动作优美。据说最高超的掌大橹者与最好的扯大撮者搭档，大橹撮去时，扯大撮者能将手碰到水面。船摇得快的和技艺高超的快船，岸上观看的人群便会给以掌声和赞扬声。快船转弯时以掌大橹者一踩脚的响声为信号，大橹迅速用力向前推出，抄头桨人站立在出跳上，将桨垂直，以桨面作导向板，橹后支桨竖挺，划撅桨者用力撅住桨板，此时，船迅速向左转弯，煞是好看。海宁的"踏白船"与南湖、平湖的"踏白船"相比，虽大体相似，但仍有不同。每到正月十五黄荡庙会举办的时候，海宁各个村落，各个部族就会派遣各自的船只代表他们家族或是村落，前去黄荡庙祈福。开始时船上人数并无限制，愿意参加的都可上船，那时的分工也很明确，一人摇橹，一人拉绷（绉或撮），一人兼指挥与表演，剩下的则是摇橹人。他们在赶庙会时会穿统一的服装，穿着代表各自村落的服饰，但指挥表演之人的服饰一般与摇桨之人有所区别。另外，船上的指挥者多半是各个村庄中有威信或是德高望重的人，代表整个村庄前去祈福。海宁"摇快船"与嘉兴其他地区相比，一个显著的特点就是增加了表演这个部分。据说，各个船只在争先前进的同时，会有人在船头表演节目，如倒立、翻筋斗等，动作惊险，博得阵阵掌声。当船只到达黄荡庙后，依次靠在庙前码头，然后代表各自的村落表演准备好的节目，精彩刺激、锣鼓喧天、热闹非凡，常常会闹上一整天。黄荡庙那时位于海宁与海盐的交界处，这个热闹的庙会每年都会吸引那里的人们前来参加，人山人海，黄荡庙会也成为当时村庄间相互交流、相互展示的一个良好的平台。最先到达黄荡庙的船只，将会由庙内德高望重的主持赐福，预示着该船只所在的村庄或氏族在来年会风调雨顺、平安如意。他们将得到的平安符带回村庄，并供奉在祠堂中，同时勤加练习，争取来年还能获得神明的赐福。

到了近代，虽然"踏白船"的发展已大不如前，且活动的目的与意义也与旧时大相径庭，船只的形状和配备也不尽相同，但踏白船的活动形式得到了一些创新，保留了以往比速度、比惊险的习俗，在总结经验的基础上，创新了一种名为"快菜飞舟摇快船，水上拔河抢荷花"的水上竞技形式，为平湖摇快船注入了新的内容和活力。

## 五、嘉兴"踏白船"的社会价值

### （一）传承文化价值，形成地域特色

嘉兴是我国远古文明发祥地之一，马家浜文化就发祥于此。到了先秦时期，在吴文化与越文化两种文化交互影响下，嘉兴十分具有包容性，吸收了各方精华，文明遗址遍布各处，文人雅士层出不穷，从而形成了嘉兴浓厚的传统文化，独具嘉兴地域特色文化的民俗、民情、民风在这里生根发芽，枝繁叶茂。拥有自身独特气质，水乡韵味十足的嘉兴，在水与船的摇曳、激荡中产生了江南独有的传统文化节庆与民俗盛会，嘉兴"踏白船"就孕育于此，生来就带有与众不同的文化内涵。"保护非物质文化遗产，就是保护世代传承的文化的见证物，保护中华民族文化的主体性与创造力，从而保护其文化认同的权利。"嘉兴"踏白船"是杭嘉湖平原蚕桑文化的一个缩影，在世世代代爱蚕歌、看蚕戏、戴蚕花，过年要点蚕花灯、结婚要点蚕花烛的蚕乡嘉兴，流传至今的"踏白船"鲜活地印证了蚕桑文化的历史悠久、魅力独特。

"非物质文化遗产的文化价值，是指非物质文化遗产在帮助人们认识民族文化时所呈现出来的独有价值。这里所说的文化，主要是指人类在漫长的历史发展过程中，为适应各种自然环境与人文环境所创造出来的各种生产方式与生活方式以及衍生出来的精神信仰。"著名民俗学家钟敬文先生曾说过："民族文化，是一面明亮的镜子，它能照出民族生活的面貌，它还是一种 X 光，能照透民族生活的内在的'肺腑'，它是一种历史留下的足迹，能显示民族走过的道路。它更是一种推土机，能推动民族文化向前发展。"嘉兴"踏白船"是在"救蚕如救火"的破浪声中发展起来的，是满足育蚕缫丝需求的特殊产物，它是中国几千年蚕桑文化的鲜活印证。乡民们在蚕花盛

会中摇船竞渡，祈求来年的好收成，也在你争我抢的踏浪声中增进感情，形成了这一地区独特的民俗文化。

## （二）记录悠久历史，见证社会发展

非物质文化遗产是一个民族传统文化的精髓，它之所以能够成为全人类的宝贵财富，不仅仅是因为它是人类认识自身传统的基础，同时也是人们开创未来的重要前提。能否传承好、保护好这笔文化遗产，将直接关系到一个民族文化的命运与发展。嘉兴"踏白船"作为一个活生生的非物质文化遗产，承载着悠久而又丰富的历史，它以实物或是鲜活的状态反映出历史上各个时代流传下来的文化资源和文化遗产，是人们珍贵的历史财富，具有重要的历史价值。嘉兴"踏白船"的形成、稳定与发展，乃至消沉，都从一个侧面反映了嘉兴甚至全国在各个特定历史时期的生产力发展水平、社会发展状况、人们的生产生活方式、人与人之间的关系等，使得现在的人们可以从中认识历史、了解历史、研究历史。"踏白船"是嘉兴地区各种庙会活动中不可或缺的一个项目，它已然成为嘉兴地区的一个风俗习惯，这富含地方特色与民族特色的民俗体育活动，也从一定程度上真实地反映了嘉兴地区人文社会发展的状况。丰富多彩的嘉兴民俗文化活动，世代相传、独一无二的民间传统技艺，集中体现了嘉兴蚕桑文化盛行下的民俗风情。嘉兴"踏白船"是在杭嘉湖平原悠久的历史发展过程中代代传承下来的，是认识这一方土地、了解这一段文化的鲜活的方式和手段，是一笔珍贵的文化遗产。它鲜活地保存了嘉兴地区水乡泽国的自然环境、人们育桑养蚕的生产习俗、摇船踏浪的生活风貌、民风淳朴的社会状态等反映历史发展状况的"老影像"，是嘉兴历史文化传统活态的见证，具有不可替代、无法估量的历史价值。一个城市的发展离不开过往的历史，它是这座城市发展的灵魂。"踏白船"是嘉兴悠久历史和灿烂文化的见证，是宝贵的、不可再生的财富和资源，如若丢失了它的历史价值，将会造成不可磨灭的遗憾。

## （三）传承生产技艺，提高劳动效率

每一种生产技艺的延续必定会有其特有的传承方式，嘉兴地区的摇船技艺也不例外。在河流纵横交错、湖泊星罗棋布的嘉兴，船是最主要的交通工具和生产工具。人们日常的出行、来往交流、蚕丝贸易大部分都要靠船只，特别是在桑叶急缺的时候，能够架起小船，快速地前往桑叶丰足的地方买叶救蚕显得尤为重要。可见，拥有高超的摇船技艺对于嘉兴的农家来说具有十分重要的意义。

摇船的技艺在嘉兴人民当中世代传承，乡民们往往从年幼时就开始熟知水性，在长辈们的指导下学习摇船。要想成为真正的"水上骄子""驭船好手"，就必须经历很多的磨砺，"踏白船"提供了一个很好的锻炼机会。"踏白船"要求的速度飞快、动作惊险以及队员之间的团结协作、相互配合，都更好地促进了生产技艺的传承。各村各部的乡民们通过"踏白船"竞渡比赛的相互切磋，既相互交流了彼此优秀的摇船技艺，更增进了彼此间的感情，同时也让表现出色的船队或是队员名声大振。拥有了驾驭船只的高手和能手，才有可能在平时的劳动生产、运输载客、蚕桑贸易中更好地提高劳动效率，收获更大的劳动财富。

### （四）发展人体机能，增强体魄

驾驭"踏白船"不仅是一个体力活，也是一个脑力活，它需要调动人们身体各个部分的力量，共同协作。简单来说，"踏白船"的摇橹、扯撬、划桨讲究的是人体手、脚、眼的协调配合，通过它们各自特有的运动特点，使人的速度、力量、协调性、灵敏性、耐力、柔韧性等各种身体素质得到了提高。同时，"踏白船"还具有一定的惊险刺激性，尤其是"出跳"上的船员，站立于水面之上，随波起伏，需要极大的勇气，可以锻炼坚强的意志品质。"踏白船"是一个群体活动，每个参与的人都会有参与感和成就感，在心理上得到一定程度的满足，有益于身心健康发展。

### （五）营造娱乐环境，加强感情交流

旧时，生活淳朴的乡民们信息闭塞滞后，娱乐方式传统单一。平日里人们为了生计辛勤劳作，不敢懈怠，只有到了每年的重大节日或庙会时才能暂时放下劳作，走出家门，相互交流，祈求平安，放松身心，尽情欢娱，享受一年中最盛大、最欢乐、最重要的日子。从节庆日或庙会开始的那天起，各地的乡民们便纷纷蜂拥而至，商贩云集，游人络绎不绝，一时间，人头攒动，十分热闹。无论是正月十五黄荡庙会还是三月十六纪念蚕花娘娘，"踏白船"通常都会在这样盛大的庙会中火热开展。高超的船技、惊险刺激的表演以及

英姿飒爽、行头统一的队员们，再加上震耳欲聋的锣鼓声、喝彩声、加油声，其乐融融，热闹非凡，不仅仅使参赛的队员们亲身体验到"踏白船"带来的快乐与满足，更让岸上的观众们因为它的飞速、惊险、热闹而啧啧称奇，烘托出浓浓的节日氛围，更营造出难得的大众娱乐环境。

通常，嘉兴各个村落甚至邻近的乡村都会结伴而来，参加盛会和"踏白船"比赛，在比赛中不仅能够扩大自家村庄的影响力，也促进了村与村之间的交流与沟通，互通有无，相互合作。往往也有很多乡民们趁着这个时候把家里的农产品带出来售卖，贴补家用，或是三三两两结伴同行，结交好友，互通信息，拉近彼此间的距离，增进感情。

### （六）借助桑船先行理念，提倡大局意识

在蚕丝生产繁盛的浙江嘉兴，一年十二个月中除去三个月的种植水稻等大田劳作，其余大部分时间都用于蚕桑生产。养蚕的时间相对集中，平日里最主要的还是桑树的培育，从而保证蚕宝宝们的桑叶供给。由于各个地区地理环境的差异，一些地方受"劳多地少"的限制，无法多种桑树，往往需要前往桑树生长繁茂的地区购买桑叶救急。遇到年份不好的时候，摇船买叶的情况更盛。自明代起，这种买卖桑叶的交易就以桐乡、海宁最盛，产生了专门做桑叶贸易的青桑叶行和中间经纪人，俗称"稍叶"，更产生了"叶点头"的习俗，即买卖双方只要开口，点过头，就不能反悔。嘉兴的水路交通原本就十分发达，平日里已是船只往来如梭，所以每到桑叶急缺，蚕农们纷纷摇船外出寻找桑叶时，河道便更会显得拥挤与繁忙。"采桑天气趁晴和，灯火沿溪引客过。争说玉湾开价贱，今朝船比昨朝多"（施钟成《玉溪杂咏》）就反映了这一现象。但朴实善良的嘉兴人民知道"救蚕如救火"的道理，明白要顾全蚕丝生产的大局，所以大大小小的船只都会特意为这些"买叶船"通航让路，让"桑船先行"，争取时间，尽早救蚕。同时，往来穿梭的船只往往都会互通消息，指引桑船尽快赶到桑叶富余、售卖桑叶的地方。这些买叶船大都三三两两结伴同行，相互鼓劲，相互竞争，都为了更快地买到桑叶，回乡救蚕。嘉兴"踏白船"将这种劳动人民互帮互助，共同为了乡民们蚕丝生产的大局意识传承了下来，在盛大的竞渡比赛中发扬这种"桑船先行"的谦让精神，提倡维护集体利益的大局意识。

### （七）借助划船形式，培养团结协作精神

在当今世界，往往凭借个人的一己之力很难获得成功，个人英雄主义极少实现，任何一个集体只有充分发扬团结协作的集体主义精神，共同努力才有可能获得成功。团结协作是一种什么精神？它应该是一种团结一致、互帮互助，为了共同的目标而坚持奋斗、不懈努力的精神。嘉兴"踏白船"是一个典型的集体性项目，人们在参与的过程中，为了获得比赛的胜利、赢得赐福、为家乡的人民争得荣誉的共同目标，齐心协力，共同奋斗。借助划船的形式，将一条船上的每个人都各自分工，使他们各司其职，在达到个人努力的最大值时，更注重团队的协调与配合，如果缺乏彼此间的信任与合作，缺乏相互了解的默契感，是很难收获最后的成功的。

嘉兴"踏白船"在切磋竞渡的同时能够增进人们相互之间的友谊，从而形成乐群合群、积极向上、乐观开朗的人生观和世界观，也培养了良好的人际关系。

### （八）丰富体育文化旅游资源，促进社会经济发展

随着社会经济的发展，人们生活水平的提高，人们追求健康的体育意识越来越强，对体育的消费需求更是不断增加。因此，除了传统的体育健身，根据不同人群的需求提供相对应的体育服务，与旅游业相结合的体育休闲度假、体育竞技、体育探险、体育观战、民俗体育等项目正逐渐兴起，成为我国一个新兴的产业，具有巨大的市场发展潜力。嘉兴依托自身优越的地理位置和自然环境，已经开展了以红色旅游、水乡古镇游、滨海度假游、乡村休闲游为主体的旅游活动，在国内外享有盛誉。嘉兴在当前旅游发展的基础上，开发了体育文化旅游，充分利用了自身的特色体育项目，如"嘉兴掼牛""高杆船技""大督旗""南湖船拳"等。嘉兴"踏白船"的加入，无疑丰富了当地的体育文化旅游资源，提高了体育旅游的吸引力，更好地推动嘉兴体育旅游市场的发展。这对于打造嘉兴体育旅游文化名牌、创造更多的社会效应和经济效益、促进社会经济发展十分有益。

# 第二节 嘉兴"踏白船"的传承方式和现状

## 一、传承方式

嘉兴"踏白船"发展延续了百余年，必然会有其独特的传承方式。摇船是这一带乡民们个个必备的生产技艺，这就为"踏白船"的传承发展打下了坚实的基础。旧时，人们生活方式简单，娱乐活动都是与当时的生产环境紧密联系的，成为乡民心中的头等大事，是一年当中能否获得一个好收成的重要保证。"踏白船"作为庙会中必不可少的一部分，胜者又被赋予了风调雨顺、平安如意、年丰岁稔的好寓意，自然受到了各村落德高望重的年长者或是统治者的重视。踏白船"是一个集体性的项目，必须要有人进行领导、组织和安排，他们便是推动"踏白船"发展，将"踏白船"发扬传承下去的关键性人物。乡民们从年幼时开始学习摇船，年轻时踏浪争先，年老时言传身教，传授技艺，代代相传，使得"踏白船"得以年复一年地传承下去。在平湖曾听到一则故事，说的是过去"摇快船"的人们十分讲究"面子"，都想出风头，当赢家。在清朝年间，有一对杨氏父子，祖上世代都是"摇快船"的高手，到他们这一代，一直都保持着"摇遍天下无敌手"的不败纪录，大家称赞他们为"杨家将"。快船比赛时，掌大橹、扯大撬两人的实力大小和技术高低，是直接决定比赛胜负的关键，杨家父掌大橹、子扯大撬，已多年不负众望。有一年，儿子得伤寒大病初愈，其父为保住杨家快船多年的名声，不顾妻子的反对，执意要儿子训练参赛。儿子虽身体状况不佳却豪气不减，还是决定参加比赛。到了比赛那日，当船行至第一个来回转船处，儿子便力不从心，随后几次告知其父他已无力支撑，但都被其父严词拒绝，硬要他坚持到底，最后杨家率领船队获得冠军，但其子也因此筋疲力尽，吐血而亡，其父悲痛不已。这个故事的真实性无从考证，但从民间的津津乐道来看，这也从一个侧面反映了人们对"踏白船"的重视，体现了言传身教的传承方式。到了现代，随着嘉兴南湖"踏白船"非物质文化遗产的挖掘调查，找到部分"三塔踏白船"主要参加者，其均为年事已高的老人。他们积极提供资料，为"踏白船"的传承与发展起到了一定的作用。

## 二、传承现状

目前，嘉兴地区所流传的"踏白船"，后备人才缺乏，传承方式出现断裂。首先，传承主体的不确定性，使得"踏白船"的传承受到了极大的影响。所谓传承主体，指的是非物质文化遗产的传承人，只要保护好了传承人，客观上也就保护了非物质文化遗产。"踏白船"包含表演性、技能性，以一种看不见、摸不着的非物质状态存在，或者说它存在于拥有、掌握"踏白船"技艺的人的脑海里，存在于这一个活态传承载体的头脑中。所以，"踏白船"的传承必须要进行手把手的亲自教学，言传身教才能使这项技艺保留至今。但由于"踏白船"在嘉兴分布的地域广泛，每个地区都有各自不同的特点，又是一项集体性的活动项目，参与的人数众多，虽然以往通常都是由村庄中的长者发起竞渡，但仍然无法清晰地界定究竟谁有资格能够成为嘉兴"踏白船"的传承人。传承主体的模糊不清，使得嘉兴很多地区的"踏白船"随着时代的发展、长者的逝去，缺少了关键人物的推动而渐渐消失。另外，传承人的缺失，也是嘉兴"踏白船"传承面临的最大困境。旧时"踏白船"依托于家家户户传统的水上渡客、运输等生产劳动所必需的摇船技艺而发展，因为生活的需要，船民们都会代代相传摇船划桨的技艺，随着现代社会的发展，发达完善的陆上交通几乎全盘取代了船只在人们生产生活中的地位，除了居住在水域旁的少数人还保留着摇船的习惯，现在嘉兴的大部分居民都已远离水上，不会掌船。同时，"踏白船"由于其自身具有的危险性与刺激性，也让现代很多人望而却步。

# 第三节　嘉兴"踏白船"的保护现状

## 一、缺乏相应的理论研究

"踏白船"为何能在嘉兴这片土地上萌芽、发展、成熟，能在这里绵延不绝，流传百年？"踏白船"究竟是在怎样的历史环境背景下产生的？是否拥有特定的运动特点与规则？它对嘉兴地域文化能产生怎样的影响？对于日渐消沉的"踏白船"活动，该如何进行保护与发展？它在当前社会主义和谐社会发展的进程中扮演怎样的角色？应该发挥怎样的作用？……这一系列的问题都需要我们认真思考、科学探索。嘉兴"踏白船"拥有丰富的内涵，对其进行全面、深入的挖掘、整理与分析十分必要。在长期的"踏白船"竞渡活动的发展过程中，对它的理论研究要远远落后于"踏白船"实践的发展，虽然也有文人学者对"踏白船"做过一些记载与研究，关于踏白船的各类新闻报道也较多，但没有对"踏白船"进行全面、系统、深入的理论研究。当前，嘉兴"踏白船"已成为省级非物质文化遗产，但仍需要在当前整理研究的基础上继续升华。

## 二、生存环境的变化，活动空间的缩小

生存环境的变化对嘉兴"踏白船"的发展有着至关重要的影响作用，生存环境的改变，使得"踏白船"的活动空间极大缩小。"通常，非物质文化遗产都是在一定的地域上产生的，与该环境息息相关，该地域独特的自然生态环境、文化传统、信仰、生产、生活水平，以及日常生活习惯、风俗都从各个方面影响了其产生与发展。它既典型地代表了该地域的特色，是该地域的产物，也与该地域息息相关；离开了该地域，便失去了其赖以存在的土壤和条件，也就谈不上保护、传承和发展。"可见，保护"踏白船"必须依赖于这土生土长的生存环境，否则便会失去其原有的意义。生存环境的改变，使得农家船只的地位与作用发生了巨大的变化。随着经济的全球化，人们的生产、生活方式都与以往截然不同。在水乡泽国的嘉兴，依赖船只出行的水上交通逐渐被日渐完善、发达的陆上交通所代替，船在嘉兴人民的生活中起到的作用越来越小，摇船"买桑救蚕"的故事不再发生。随着信息时代的到来，村与村之间，人与人之间交流的方式很多，也不再需要通过"踏白船"这一集体性的项目来提高本村或自身的影响力，增强相互之间的往来与沟通。失去了原有的生存环境，嘉兴"踏白船"的活动空间越来越窄，渐渐地退出了历史的舞台。

### 三、保护措施的单一

近年来，虽然嘉兴的非物质文化遗产保护工作取得了一定的成绩，但关于嘉兴"踏白船"的保护措施却较为单一。虽然有众多的文人学者挖掘、整理出很多"踏白船"的史料记载、民俗传说，也将"踏白船"列入非物质文化遗产保护的名录中，并且在当地体育局及南湖区、秀洲区文体部门的倡导组织下，于20世纪90年代开始举办"南湖船文化节"，将"踏白船"重新展现，但是这种较为单一的保护措施仍然需要创新与改进。出现这种情况的原因多是由于政府没有提出对"踏白船"如何进行具体的保护，如何区别对待，只是简单地进行一些常规性的保护，没有较大的成效。例如，在现代举行的船文化节上，"踏白船"活动的活动方式、内容与传统的"三塔踏白船"大相径庭。另外，"踏白船"能否以本来的面目"原汁原味"地重新回到人们的视野中并且恢复以往的影响力，也成为当前重要的历史任务。这需要政府加强组织领导，由地方将那些有着共同传承任务或是传承意愿的人们聚集起来，共同建立一支有着共同愿望与目标、互帮互助的团队，共同保护嘉兴"踏白船"这一宝贵的非物质文化遗产。

# 第四节　嘉兴"踏白船"保护与发展的
# 相关策略

## 一、嘉兴"踏白船"的保护主体

什么是保护主体？简单来说，就是除了直接传承人之外，还能够起到保护效力的群体的统称。"所谓非物质文化遗产保护主体，是指那些处于传承圈之外，虽与传承无直接关系，但却对非物质文化遗产的传承起着重要推动作用的外部力量。这一群体包括各级政府、学界、商界以及新闻媒体等。"由于嘉兴"踏白船"并没有具体到个人的非物质文化遗产传承人，所以它的保护主体必定是由政府主导，学术界、商界以及媒体界等共同组成。

2006年，国家成立了非物质文化遗产保护中心。自此之后，我国各省、自治区、直辖市等几乎都设立了各自的非物质文化遗产保护中心。近年来，在非物质文化遗产的保护上投入大量的人力、物力和财力，取得了丰硕的成果。文化厅更提出要做好"八个一"的要求，即"一个项目、一个保护方案、一个专家指导组、一个工作班子、一个传承基地、一个展示平台、一册普及读本、一项配套政策"。嘉兴"踏白船"的传承、保护与发展必须依靠政府的力量才能发展下去，只有政府职能部门积极发挥作用，不断扎实与创新非物质文化遗产保护工作，才能共同推进非物质文化遗产事业的发展。

没有思考就没有进步，理论研究的滞后不仅会直接影响非物质文化遗产保护工作的进度，更无法保证非物质文化遗产保护工作的质量。积极学习先进的保护理念，提供深入的理论研究成果，是中国学术界必须为非物质文化遗产保护承担的责任。好的理论研究成果，不仅能够尽可能地、系统地还原非物质文化遗产的本来面目，更能深入剖析、挖掘非物质文化遗产的内涵和精髓；不仅能很好地指导非物质文化遗产保护工作的开展，也能为政府制定各种保护政策、法律法规提供重要的依据。

当前，商界在中国非物质文化遗产保护中的作用主要体现在开发非物质文化遗产的旅游休闲产品、民间工艺品以及影视制作等方面。在社会主义市场经济的大背景下，如果能够合理地运用商界的力量，将对非物质文化遗产的传承起到极大的推动作用。

在当前经济全球化，信息大爆炸的时代，新闻媒体在非物质文化遗产保护中的作用越来越凸显，占据着十分重要的地位。越来越多的外来文化、现代文化冲击着我国非物质文化遗产，没有新闻媒体的介入，会让越来越多的非物质文化遗产悄无声息地消失在历史的长河中。新闻媒体除了可以调动非物质文化遗产传承人自身的积极性外，更大的作用是进一步调动了整个社会的积极性，让更多的人了解非物质文化遗产并自发地、主动地参与到保护工作中来，形成人人关注、人人参与非物质文化遗产保护工作的良好氛围。

因此，必须在政府的主导下，依靠理论界的分析研究、市场的融合发展以及全社会人们的关心与支持，寻求更好的保护与发展策略，使嘉兴"踏白船"这项非物质文化遗产得到很好的保护与传承，更长远地走下去。

## 二、立足保护主体，寻求发展策略

建立嘉兴"踏白船"保护机构，发挥政府保护的主导作用，非物质文化遗产是人类历史文化的活化石，是一个民族悠久的文化积淀，加强对非物质文化遗产的挖掘与保护，是传承民族文化的重要基础，也是我们每一个人必须承担的责任和义务。我国非物质文化遗产项目大都植根于民间，土生土长，绝大多数都带有自发性。现代发生的事实已经证明，如果没有政府的介入，缺乏政府的引导与管理，非物质文化遗产的保护将很难取得成效。"踏白船"在嘉兴一带曾经存在着广泛的群众基础，但仅仅只让"踏白船"的参与者们自身去保护、传承与发展"踏白船"是远远不够的，这也是"踏白船"曾在历史上出现发展断代，渐渐消失的原因。因此，当人们苦于无力挽救"踏白船"这一非物质文化遗产时，政府的主导作用就显现出来了。

当前，我国制定了一系列非物质文化遗产保护的法律、法规，并建立了由上至下、层层递进的非遗保护制度。浙江省颁布实施了《浙江省非物质文化遗产保护条例》，在政府的正确指导及财政的有力支持下，浙江省非物质文化遗产保护工作开展得井井有条并取得了丰硕的成果。自2008年，每年春节期间，浙江省会开展以"八个一"为内容的"服务传承人月"活动，营造了尊重、支持、服务传承人的良好社会氛围，激发了传承人的责任感与使命感，更好地推动了非物质文化遗产的保护工作。可见，只有在政府的积极主导、宏观调控下，嘉兴"踏白船"的保护工作才能产生积极的效果。非物资文化遗产保护部门、各基层文化工作组织等应联合组建专门的"踏白船"非物质文化遗产保护部门或机构，制定行之有效的保护措施和发展策略，逐步培养一批能够传承"踏白船"技法的人才，最终使嘉兴"踏白船"得到有效的保护与发展。

## 三、加强对非物质文化遗产法的宣传，增强大众的保护意识

为了继承和弘扬中华民族优秀传统文化，促进社会主义精神文明建设，加强非物质文化遗产的保护、保存工作，我国制定了《中华人民共和国非物质文化遗产法》，正式确立了非物质文化遗产的法律地位。在立法的基础上规范地、科学地开展我国非物质文化遗产保护工作，具有十分重要的意义。拥有了国家统一的法律法规，才能更积极地推进地方法律、法规体系的建设，严厉打击破坏非物质文化遗产的各类违法犯罪行为，将非物质文化遗产从挖掘到保护都纳入法治化的轨道。

要做好嘉兴"踏白船"的传承与保护，离不开人民大众的支持与帮助，而相关法律的制定，无疑是给人民大众一个鲜明的"风向标"和一剂强效的"定心丸"。因此，要充分利用互联网络、广播电视、新闻出版等渠道，加强对我国非物质文化遗产法的宣传，充分利用现代各种新的媒介载体，如微博、博客、微信等，广泛开展宣传工作，向大众普及非物质文化遗产法律知识。同时，政府各文化部门更应当结合非物质文化遗产法的效应，做好珍惜和保护民族优秀文化遗产的宣传教育。将法制宣传与道德弘扬相结合，双管齐下，增强大众的保护意识。

借助各种民俗文化活动，打造区域"文化"名片，稳定项目的保护渠道。嘉兴传统的竞渡"踏白船"比赛是民间自发举办的比赛，更多的是为了满足人们娱乐的需要，从当前的发展情况看，它已经得到政府的积极支持。嘉兴"踏白船"具有鲜明的地域文化特征和运动特征，这成为它区别于其他地区文化符号的独立标志，使它带有一种独特的地域风情和民俗风韵。将"踏白船"打造成为嘉兴区域文化代表的一张名片，在推进嘉兴"踏白船"非物质文化遗产保护的同时，进一步充实其民俗化的特点，这样不仅可以保留嘉兴"踏白船"的原始风貌与文化精髓，更在精彩的竞渡表演中满足人们的心理需求，焕发"踏白船"民俗化特点的新风貌，也让这张区域"文化"名片为嘉兴带来更多的社会经济效应。同时，借助嘉兴各种民俗文化活动，为嘉兴

"踏白船"提供更多、更大的展现舞台，扩大嘉兴"踏白船"在国内外的影响力，让更多的人认识、了解嘉兴"踏白船"，自觉参与到"踏白船"的保护工作中来。因此，要稳定嘉兴"踏白船"在各种民俗文化活动中的地位，将这两者紧密地联系在一起，让嘉兴的民俗文化活动成为"踏白船"稳定的保护渠道。

## 四、与当地体育文化旅游紧密结合，促进嘉兴"踏白船"的永久性保护

当前，体育旅游业在西方发达国家开展得较为广泛和成熟，而在我国，体育旅游业正处在一个初步发展阶段，已经得到国家有关部门的重视和支持，具有十分广阔的发展前景。"所谓体育旅游，就是指以观看、欣赏和参与各种体育活动为目的的旅行游览活动。体育旅游业是国家旅游业的一个组成部分，它是以体育资源和一定体育设施为条件，以体育旅游商品的形式，为体育旅游消费者在旅行游览过程中提供各种服务的经济部门。""体育旅游是旅游和体育的结合，是通过体育资源和旅游资源开发的互补和互利，把体育作为主要内容的一种旅游活动。"嘉兴市委、市政府重视非物质文化遗产保护工作，不断对"踏白船"的文化内涵进行挖掘。为更好地发展当地旅游业与体育产业，嘉兴市近几年来举办了"嘉兴南湖船文化节""嘉兴端午民俗节"等一系列活动，扩大了嘉兴"踏白船"的影响力，具有极好的宣传效果，对嘉兴"踏白船"文化品牌的建设做出了积极的尝试。成功举办的"嘉兴南湖船文化节"已经吸引了国内外成千上万的人前来参观和游玩，这些都为"踏白船"的体育旅游业发展奠定了坚实的社会基础。在推进"踏白船"体育旅游资源开发的同时，要多运用网络、电视、户外广告等媒体加大宣传力度，聘请专家进行针对性的整体策划和包装。嘉兴更拟建立体育文化公园，将嘉兴"掼牛""南湖船拳"等一系列民俗体育活动纳入其中，这对当地国民经济的增长和社会进步具有积极意义。

## 五、重视嘉兴"踏白船"传承人培养，促进项目的可持续保护

"踏白船"的传承与保护离不开人的重视与努力，它诞生、发展在这片土地，显然与当地民众息息相关，密不可分。现代人们对"踏白船"的接受程度、社会认同以及实际参与能力都直接影响了"踏白船"的保护与传承。如何让非物质文化遗产继续作为活的文化传统在相关社区、乡镇尤其是青少年当中得到继承和发扬，是一个需要认真对待、解决的重要课题。要做好嘉兴"踏白船"的保护工作，就必须立足基层，加强当地人们的保护意识，积极提高人们对非物质文化遗产的重视程度，特别是对"踏白船"的认识与理解，积极调动人们参与"踏白船"活动的热情，激发人们对于"踏白船"保护工作的热爱。

"踏白船"想要真正做到传承，就必须有一批想要继承并能领悟"踏白船"精髓的传承人群。"踏白船"要想在这个不断发展与进步的时代中更好的生存与发展，就必须根据现有的生存环境进行必要的调整，重新审视过往的传承体系，寻求新的传承人群。例如，由于"踏白船"活动的集体性，它的传承群体由古时的村落或氏族可变更为现在的街道、社区等，参与"踏白船"竞渡的人群由旧时的老船民、德高望重的长辈等组成，在现代完全可以放开这些限制，可以开展不同地区、不同年龄、不同组合的"踏白船"体育活动，吸引更多的人参与到"踏白船"的活动中来，从而扩大传承人的选择面，更有针对性地发现和培养传承人。加强当地民众对"踏白船"保护的意识，才能使"踏白船"活动在更广的范围内开展起来，才能为找准"踏白船"的传承人打下坚实的基础。重视传承人的培养，才能促进嘉兴"踏白船"的可持续稳定发展。

## 六、加强对嘉兴"踏白船"的理论研究

随着现代人类文化生活的日益丰富，嘉兴人们对"踏白船"的热情已大不如前，但随着近年来保护非物质文化遗产的热潮，迎来了"踏白船"保护

与发展的绝佳时机，使得"踏白船"又重新回到了人们的视野。面对"踏白船"传承发展的诸多困境与问题，我们应当重视对嘉兴"踏白船"的理论研究，应该让更多的体育研究者关注它，研究它形成的独特原因，挖掘其自身的价值，探讨如何才能更好地保护"踏白船"，研究科学的保护与发展策略。只有重视"踏白船"的理论研究，才能更好地指导实践。

嘉兴"踏白船"在立足本土的基础上，应适当加强对外的理论与实践交流，利用嘉兴现有的资源对外展示，例如嘉兴拥有南湖等知名度较高的湖泊、河流。这本身就为"踏白船"的对外展示、相互交流搭建了一个良好的平台。另外，要加强对外的学习，学习其他地区相似的非物质文化遗产保护方法与模式，汲取精华，寻求自身保护与发展的新策略。同时，还可以定期举办或参加非物质文化遗产保护的学术研讨会、学术交流会，积极举办有影响力的"踏白船"比赛，为其今后的保护与发展提供实践经验。只有积极地加强理论研究，才能够实现嘉兴"踏白船"的科学保护和长远发展。

# 参考文献

[1]白晋湘.民族传统体育教程[M].长沙：中南工业大学出版社,2000.

[2]陈伟,刘青,王纯.民族体育创新发展研究[M].西安：西安电子科技大学出版社,2017.

[3]国家体育总局体育文化发展中心.体育非物质文化遗产保护与推广集萃[M].北京：科学出版社,2015.

[4]嘉兴市文化广电新闻出版局.嘉兴市非物质文化遗产名录集成[M].杭州：浙江摄影出版社,2010.

[5]刘少英.民族传统体育学[M].北京：民族出版社,2011.

[6]刘洋.体育非物质文化遗产保护的路径研究[M].北京：北京体育大学出版社,2015.

[7]芦平生,杨兰生.民族传统体育研究[M].兰州：甘肃教育出版社,2002.

[8]施兰平.浙江省世居少数民族传统体育口述史研究[M].杭州：浙江工商大学出版社,2016.

[9]舒为平,刘青,王纯.民族体育传承研究[M].成都：四川大学出版社,2016.

[10]田祖国,郭世彬.民族传统体育[M].长沙：湖南大学出版社,2018.

[11]王光.民族传统体育养生[M].上海：上海大学出版社,2006.

[12]王建华,陈雁飞.民族传统体育[M].北京：人民教育出版社,2007.

[13]王亚琼,杨庆辞,罗曦娟.民族传统体育学[M].北京：北京师范大学出版社,2013.

[14]杨柳.体育类非物质文化遗产研究[M].北京：科学出版社,2016.

[15]张选惠,李传国,文善恬.民族传统体育概论[M].成都：电子科技大学出版社,2013.

[16]张仲谋.非物质文化遗产传承研究[M].北京：文化艺术出版社,2010.